UNIVERSITÉ DE PARIS — FACULTÉ DE DROIT

RECHERCHES

SUR

L'HISTOIRE DES CORPS D'ARTS & MÉTIERS

EN ROUSSILLON, SOUS L'ANCIEN RÉGIME

THÈSE POUR LE DOCTORAT

PAR

Alphonse DRAPÉ

PARIS

LIBRAIRIE NOUVELLE DE DROIT ET DE JURISPRUDENCE

ARTHUR ROUSSEAU

ÉDITEUR

14, rue Soufflot, et rue Toullier, 13

1898

THÈSE

POUR LE

DOCTORAT

UNIVERSITÉ DE PARIS — FACULTÉ DE DROIT

RECHERCHES

SUR

L'HISTOIRE DES CORPS D'ARTS & MÉTIERS

EN ROUSSILLON, SOUS L'ANCIEN RÉGIME

———

THÈSE POUR LE DOCTORAT

———

L'ACTE PUBLIC SUR LES MATIÈRES CI-APRÈS

Sera soutenu le Vendredi 28 Octobre 1898, à 4 heures

PAR

Alphonse DRAPÉ

———

Président : M. CHÉNON.

Suffragants : { MM. LESEUR, *professeur.*
SOUCHON, *agrégé.*

———

PARIS
LIBRAIRIE NOUVELLE DE DROIT ET DE JURISPRUDENCE
ARTHUR ROUSSEAU
ÉDITEUR
14, rue Soufflot, et rue Toullier, 13

———

1898

PRÉFACE

Au seuil même de cette étude sur l'Histoire des Corps d'Arts et Métiers en Roussillon sous l'ancien régime, nous sommes heureux de dire le sentiment ému de profonde gratitude qui nous anime à l'égard de ceux qui, directement ou indirectement, ont contribué à soutenir nos efforts, à éclairer notre route.

Et d'abord notre première pensée se reporte vers nos Maîtres dont l'esprit de dévoûment, la science et la haute probité intellectuelle nous ont inspiré, vivants exemples, l'amour passionné de la Vérité pour elle-même, parce qu'elle est la Vérité et qu'elle seule importe dans le progrès humain. La valeur morale de l'enseignement de nos maîtres n'a pas eu seulement comme résultat de se traduire, pour ainsi parler, dans notre intelligence, en admiration pour toute œuvre scientifique, en respect pour toute existence de labeur silencieux et obstiné ; nous lui devons encore le culte de « l'esprit critique » que le grand Pasteur a placé à la base de toute méthode scientifique, et dont il a dit avec raison que « sans lui, tout est caduc » (1).

(1) Discours prononcé à l'inauguration de l'Institut Pasteur le 14 novembre 1888.

Nous ne saurions oublier non plus la dette de reconnaissance que nous avons contractée envers ceux qui ont bien voulu nous donner des indications, des conseils ou des renseignements utiles pour ce travail.

Qu'il nous soit permis de remercier particulièrement et M. Brutails, le savant archiviste de la Gironde, auteur d'ouvrages définitifs sur l'Histoire de notre département (1), et M. l'abbé Torreilles qui a eu l'obligeance de nous faire connaître des sources très intéressantes à consulter. Nous avons eu aussi de fréquents recours à l'érudition si étendue que M. Vidal, conservateur de la bibliothèque, possède sur les questions d'histoire roussillonnaise (2), et dont il s'empresse de faire bénéficier avec bienveillance tous les chercheurs.

Nous devons à M. Salsas des renseignements précieux sur les Archives de Barcelone et sur l'œuvre de Capmany ; à M. le Dr Écoiffier, ce généreux ami des lettres, la connaissance de l'inventaire analytique des archives de Thuir. Enfin nous avons le devoir, d'ailleurs bien doux à remplir, de reconnaître avec quelle inépuisable sympathie M. Palustre, archiviste du département, a suivi et aidé nos recherches. Grâce à sa finesse pénétrante, à son habitude de la critique des textes anciens, la partie la plus ardue de notre tâche a été remplie d'attrait. Qu'il reçoive le public et modeste hommage que nous lui adressons ici.

(1) Nous avons souvent puisé au livre remarquable qui a pour titre : *Étude sur la Condition des populations rurales du Roussillon au Moyen-Age* ; Paris, Imprimerie Nationale, 1891.

(2) La dernière publication de M. Vidal sur l'*Histoire de la ville de Perpignan* (Paris. H. Welter, 1897 ; in-8º) est un beau travail d'ensemble très documenté.

On le reconnaîtra à la fin de cette étude, nous nous sommes attaché avec sincérité, et sans idée préconçue, à dégager la vérité historique. Nous avons su attendre, avant de juger, que notre enquête fût complète, afin que la structure de notre travail fût établie en quelque sorte d'elle seule, par l'analyse des documents.

Il nous a suffi de choisir des matériaux d'importance essentielle et de qualité irréprochable pour « caractériser », dans ses grandes lignes au moins, le régime corporatif du Roussillon pendant la période de six siècles qui s'étend de la Charte municipale de Perpignan en 1197 à la Révolution française. Décrire la physionomie de l'institution corporative telle que l'ont faite ou modifiée les circonstances locales ou les influences particulières qui ont donné à la province du Roussillon une vie propre et originale, tel a été notre but.

Nous nous sommes souvenu — et c'est une loi générale du développement historique établie en notre siècle — que l'évolution des institutions se fait par degrés et que « tout régime nouveau doit contenir, tout d'abord, une portion conservée des éléments qui composaient le régime ancien (1) ».

Nous le savons aussi, « chaque système doit être apprécié suivant l'œuvre qu'il a à accomplir », suivant sa « vocation historique (2) » déterminée par les influences multiples de la race, du temps, du milieu et de la civilisation.

S'il se rencontre dans cette étude que nous avons

(1) Esmein. *Cours de Droit constitutionnel.* Paris, Larose, 1896, in-8, p. 462.

(2) Ingram. *Histoire de l'Économie politique.* Paris, Larose, 1893, in-12, pages 17 et 18.

l'espoir de rendre un jour plus complète, quelques imperfections de détail, du moins osons-nous croire que l'unité et la vérité de l'ensemble demeureront. Et ce sera pour nous une suffisante et inestimable récompense de nos efforts — la seule à laquelle nous voulions prétendre — de savoir qu'ils n'auront pas été inutiles.

Perpignan, 1898.

INTRODUCTION

—

Le progrès des études historiques au commencement de ce siècle, avec Guizot, Thiers, Augustin
Thierry, la grande passion soulevée dans l'esprit public par la réforme audacieuse de Hugo dans le domaine littéraire, avaient trouvé un véritable et profond
écho parmi l'élite pensante de notre département.

La publication de *Notre-Dame de Paris* en 1831
produisit un engoûment très marqué pour le Moyen-
Age, dont le grand prêtre du romantisme venait de
faire apparaître la magnifique vision avec un éclat et
une exaltation inconnus.

Quelques lettrés érudits du Roussillon résolurent de
créer une sorte de *renaissance historique* dans ce
pays. Tout comme l'école romantique, ils voulurent
avoir leur programme-manifeste : dès le mois d'août
1832, ils adressaient un chaleureux appel « à tous les
hommes éclairés qui aiment sincèrement leur pays (1) »,
pour les inviter à recueillir et à faire connaître à leurs
compatriotes, par la voie du journal *Le Publicateur*,

(1) *Le Publicateur ;* 25 août 1832, no 30. (Bibliothèque de la
ville de Perpignan.)

tous les « matériaux nécessaires à la composition d'une histoire du Roussillon ».

Le branle était donné, et depuis cette époque jusqu'à nos jours, le mouvement historique en Roussillon s'est poursuivi avec régularité.

M. l'abbé Torreilles en a tracé le tableau exact et complet dans un rapport au Congrès de la Société Bibliographique, tenu à Montpellier au mois de février 1895 (1).

Cependant, malgré l'importance des résultats acquis, M. l'abbé Torreilles a dû signaler les nombreuses et considérables lacunes qui restaient encore à combler. « Si l'histoire politique de notre pays est assez connue, dit-il, il n'en est pas de même de ses institutions religieuses, communales, financières, judiciaires, commerciales et industrielles (2). » Et parmi les problèmes les plus intéressants à étudier, l'auteur du rapport sur le mouvement historique indique précisément celui dont la solution nous a tenté. « On parle aujourd'hui beaucoup des corporations ; le Congrès a inséré cette question dans son programme ; pourquoi ne pas se demander comment nos pères, souvent aux abois, conçurent le problème social et essayèrent de le résoudre (3) ».

Ainsi notre étude vient répondre à ce désir ; nous apportons notre modeste pierre au monument qui constituera dans l'avenir l'histoire complète du Roussillon. Le terrain sur lequel nous nous sommes placé est

---

(1) Abbé Torreilles. *Le mouvement historique en Roussillon pendant le XIXᵉ siècle.* Montpellier, Gustave Firmin et Montane, 1895.

(2) Abbé Torreilles, op. cit., p. 21.

(3) Abbé Torreilles, op. cit,, p. 22.

encore inexploré, en tout cas dans son ensemble. L'on trouve, il est vrai, quelques indications rares et fort incomplètes, dans certains ouvrages généraux, mais nous avons le droit de dire que le sujet est nouveau, et que personne n'avait fait jusqu'ici aucune analyse suivie des documents originaux.

Seul, M. Florent-Serrurier a publié, dans le *Devenir social* (1), une « *Étude locale sur la forme primitive de la Corporation au Moyen-Age* », dont la documentation sérieuse, abondante, trahit une habitude et une connaissance familière des textes anciens de nos archives communales.

Ce travail s'arrête au milieu du XVe siècle. Il nous a paru décisif, et nos recherches personnelles n'en ont infirmé aucun des résultats généraux.

Toutefois, nous estimons que le cadre tracé par M. Florent-Serrurier doit être élargi et complété, notamment en ce qui concerne l'organisation intérieure de la Corporation.

*
* *

Il nous reste à indiquer, en quelques mots, la méthode que nous avons suivie avant de passer aux sources et à la Bibliographie.

Nous avons fait surtout reposer nos investigations personnelles sur les documents originaux (2).

---

(1) *Devenir social*, Revue, etc. Paris, Giard et Brière. N^os de décembre 1895 et de janvier 1896.

(2) Sur cette question, nous nous sommes inspirés des principes généraux de la méthode contenus dans le t. I, p. 54 à 65 du *Cours d'Économie politique* de M. Cauwès. Paris. Larose, 1893, 4 vol. in-8.

L'analyse des ouvrages généraux de seconde main, publiés sur des questions connexes à notre sujet — Histoire des Constitutions municipale et militaire, Origines et Caractères du Droit Catalan, Histoire proprement dite, etc. — a formé pour nous un point d'appui solide, grâce auquel nous avons pu rétablir les liens qui rattachent l'institution corporative aux autres institutions de la même époque.

Suivant cette méthode, nous avons classé les documents relatifs à notre étude en deux groupes distincts :

1° Manuscrits et originaux des Archives ;

2° Ouvrages spéciaux appartenant pour la plupart à la Bibliothèque de Perpignan.

Nous nous sommes appliqué à fournir une documentation aussi complète que possible, à ne dégager des textes que les éléments caractéristiques.

Nous avons publié en *Appendice*, malgré leur longueur parfois un peu excessive, un certain nombre de textes particulièrement importants, puisque « c'est une règle très nécessaire de la méthode historique, que toute affirmation doit être accompagnée des documents qui la prouvent (1) ».

---

(1) Ch. Seignobos. *Histoire politique de l'Europe contemporaine*. Paris, Armand Colin, 1897, in-8. Introd. p. VI.

BIBLIOGRAPHIE

—

I. SOURCES

MANUSCRITS ET ORIGINAUX

(Langue catalane, espagnole, latine, française).

(A) **Archives du département des Pyrénées-Orientales
antérieures à 1790.**

Série C ; T. II, rédigé par Alart, archiviste, Paris, 1877.

Commerce et Industrie......	1731-1786	C. 1048
Industrie.....................	1685-1783	C. 1049
»	1733-1787	C. 1050
Arts-et-Métiers...........	1686-1775	C. 1051
»	1751-1767	C. 1052
»	1776-1787	C. 1053
Liquidation des dettes des communautés	1776-1789	C. 1054
d'Arts-et-Métiers en Roussillon.......	1764-1789	C. 1055
Finances d'offices des communautés		
d'Arts-et-Métiers	1745-1759	C. 1056
Perpignan : Corps et Confréries........	1716-1788	C. 1541
»	1715-1718	C. 1542
»	1388-1720	C. 1543
»	1729-1730	C. 1544
»	1663-1789	C. 1545
»	1686-1789	C. 1546
»	1668-1789	C. 1547
Milices bourgeoises de Perpignan	»	C. 666
	»	C. 659
	»	C. 674
	»	C. 683

Série E ; non classée. — Documents provenant de sources diverses, et en particulier des « scribanies » ou études de notaires, relatifs aux Corps d'Arts-et-Métiers de Perpignan (XIIIᵉ au XVIIIᵉ siècle).

(B) Archives communales de Perpignan.

Séries AA 1, AA 2, AA 3, AA 4. — Livres verts majeurs et mineurs, contenant les actes constitutifs et politiques de la Commune.

Séries BB 7, BB 8, ou Livre des Ordinacions, contenant les réglements des Consuls relatifs à l'Administration municipale et aux Corps d'Arts-et-Métiers.

Séries AA 6, AA 7, ou Livre des Provisions, concernant les actes constitutifs et politiques de la Commune.

Série HH, relative à l'Industrie, à l'Agriculture et au Commerce.

(C) Archives communales de Thuir.

(D) Archives communales de Vinça.

Série HH 1. — Corporation des cordonniers, tanneurs et corroyeurs de Vinça.

Série GG 2. — Registre de la Confrérie du Tiers-Ordre de Saint-François de Vinça.

II. OUVRAGES GÉNÉRAUX

IMPRIMÉS, TEXTES, ÉTUDES HISTORIQUES, ETC.

Alart (*archiviste du département des Pyrénées-Orientales*). — Notices historiques sur les communes du Roussillon ; Perpignan, Latrobe, 1868-1878, 2 vol. in-18.

— Quelques chartes et priviléges de Villefranche-de-Conflent ; Lectoure, Devillechenous, 1852, 1 vol in-8⁰.

— Privilèges et Titres relatifs aux franchises, institutions et propriétés communales de Roussillon et de Cerdagne ; Perpignan, Latrobe, 1878, 1 vol. in-4⁰.

— Documents sur la langue Catalane des anciens comtés de Roussillon et de Cerdagne ; Paris, Maisonneuve, 1881, in-8°.

— Éphémérides Catalanes ; *Journal des Pyrénées-Orientales*, 22 février 1867.

— Conférences de Céret se rapportant au traité des Pyrénées ; *Journal des Pyrénées-Orientaless*, 22 mars 1867.

— Les Stils de Villefranche-de-Conflent ; *Revue historique de Droit français et étranger*, numéros mars-avril 1862.

— Géographie historique des Pyrénées-Orientales ; *Bulletin de la Société agricole, scientifique et littéraire des Pyrénées-Orientales*, 1860.

— L'ancienne industrie de la verrerie en Roussillon ; *Bulletin de la Société agricole*, etc., année 1873.

— Cartulaire roussillonnais ; Perpignan, Latrobe, 1880, in-8°

Brutails. — Étude sur la condition des populations rurales en Roussillon au Moyen-Age ; Imprimerie nationale, 1891, grand in-8.

— Notes sur l'économie rurale du Roussillon à la fin de l'Ancien Régime ; Perpignan, Latrobe, 1889.

Cauwès. — Cours d'Économie politique ; Paris, Larose, 1893, 4 vol. in-8°.

Constitutions de Catalogne.— Édition de 1558 ; in-f°, bibliothèque de la ville de Perpignan.

Depping. — Livre des métiers.— Collection des Monuments inédits de l'Histoire de France ; Paris, 1837.

Delamont. — Histoire de la ville de Prades ; Perpignan, Imprimerie de l'*Indépendant*, 1877, in-8.

Dictionario de la lengua Catalana ab la correspondencia castellana y llatina per Pere Labernia ; Barcelona, Esposa-Germans, editors 1865.

Dom Claude Devic et Dom Vaissète. — Histoire générale du Languedoc ; Édition Privat, Toulouse, 1891.

Ducange. — *Glossarium mediæ et infimæ latintatis ; Parisiis*, 1853, 7 vol, V° div.

Esmein. — Droit constitutionnel ; Paris, Larose, 1896, in-8.

— Histoire du Droit français ; Paris, Larose, 1895, in-8.

Florent-Serrurier. — Étude locale sur la forme primitive de la Corporation au Moyen-Age. — *Devenir social* ; Paris, Giard et Brière, décembre 1895 et janvier 1896.

Fossa. — Observations historiques et critiques sur le Droit public de la principauté de Catalogne et du comté de Roussillon ; Perpignan, 1770, in-4º.

Gazanyola. — Histoire du Roussillon ; Perpignan, Alzine, 1857, 1 vol. in-8.

Henry. — Histoire du Roussillon ; Paris, Imprimerie nationale, 1835, 2 vol. in-8.

— Constitution militaire de Perpignan résultant du privilège de *Main armée* ; Bulletin de la Société philomatique ; Perpignan, Alzine, 1839, p. 231.

— Histoire de la Constitution municipale de Perpignan ; Bulletin de la Société agricole, scientifique et littéraire des Pyrénées-Orientales, t. v., année 1841, p. 176.

Hubert-Valleroux. — Les Corporations d'Arts et Métiers et les Syndicats professionnels en France et à l'Étranger ; Paris, Guillaumin, 1 vol. in-8, 1895.

Ingram. — Histoire de l'Économie politique ; Paris, Larose, 1893, in-8.

Jaubert-Campagne. — Essai sur les anciennes institutions municipales de Perpignan ; Perpignan, Alzine, 1833, in-8.

— Le Vieux Roussillon ; Bulletin de la Société agricole, etc., t. VIII, année 1851.

Levasseur. — Histoire des Classes ouvrières en France ; Paris, 1857, 2 vol.

Marca et Baluze. — *Marca hispanica sive limes hispanicus hoc est geographica et historica descriptio Cataloniæ, Ruscionis et circumjacentium populorum* ; Paris, François Huguet, 1688, in-fº.

Martin Saint-Léon. — Histoire des Corporations de métiers ; Paris, Guillaumin, 1897, 1 vol. in-8.

Morer. — La Réunion du Roussillon à la France. *Bulletin de la Société agricole*, etc., t. XI, année 1857.

Massot-Reynier. — Les Coutumes de Perpignan suivies des Usages, etc. Montpellier, J. Martel aîné, 1848.

Ouin-Lacroix. — Histoire des anciennes Corporations d'Arts et Métiers et des Confréries religieuses de la capitale de Normandie. Lecointe frères, Rouen, 1850.

Publicateur des Pyrénées-Orientales (1832-1837), à la bibliothèque de la ville de Perpignan.

Rigaudine. — Libre apellat Recollecta de tots los privilegis, provisions, pragmatiques, e ordinacions de la vila de Perpinya, continuats en lo libre vert major e menor, e libres de Pragmatiques e Ordinacions divisit en dues parts... per lo notari Rigau, Sindich de la vila Perpinya. Barcelona, Johan Rosembach. 1510.

Salvador Saupere y Miquel. — Barcelona, son passat, present y porvenir. Barcelona, la Renaixensa 1878, in-8.

J. Renard de Saint-Malo. — Renseignements historiques sur le Commerce de la draperie en Roussillon. *Publicateur*, année 1833, nos 43-46.

— Notice sur le commerce catalan de la Côte de Barbarie. *Bulletin de la Société agricole*, etc..., t. VII.

J.-B.-R. de Saint-Malo. — Conséquences de l'établissement du royaume de Majorque. *Publicateur,* année 1833, no 42.

— Quelques pages de nos annales industrielles. *Bulletin de la Société agricole*, etc., 1851 (t. VIII).

— Notice sur l'ancienne culture de la Garance en Roussillon. *Bulletin de la Société agricole*, etc., année 1848 (t. VII).

Vidal. — Histoire de la ville de Perpignan. Paris. H. Welter, 1897, in-8o.

Xaupi (abbé). — Recherches historiques sur la noblesse des citoyens honorés de Perpignan et de Barcelone. Paris, Nyon, 1763.

PREMIÈRE PARTIE

ORIGINES ET PÉRIODE DE L'AUTONOMIE CORPORATIVE
(1172-1449)

—

CHAPITRE PREMIER

VUE D'ENSEMBLE.

§ I. — Délimitation du sujet et divisions.

Nous avons brièvement indiqué, dans l'Introduction, notre méthode et les sources auxquelles nous avons puisé.

Avant d'arriver à la question proprement dite du régime corporatif en Roussillon, il s'agit de déterminer l'étendue du champ que nous allons parcourir, ou bien, en d'autres termes, de tracer les limites de nos recherches d'après l'état de la question et des documents.

Pour étudier le développement d'une institution dans son évolution et dans sa « continuité historique », il est nécessaire de ne pas négliger les liens multiples qui la rattachent au milieu social qui l'a créée et dans lequel elle s'est organisée.

La petite unité locale roussillonnaise a été englobée par les grandes unités nationales de l'Espagne et de la France dont elle a subi tour à tour les destinées politiques et économiques, malgré l'originalité et la spontanéité de sa civilisation, de même qu'une planète secondaire est entraînée dans le mouvement général de la planète principale dont elle est le satellite.

Si les institutions s'expliquent par le milieu où elles sont épanouies, on ne saurait prétendre établir en vertu de ce principe, une histoire complète, *définitive* des corps d'arts et métiers dans notre province, sans avoir une connaissance exacte des différents systèmes économiques, politiques et sociaux de la France et de l'Espagne. Il faudrait avoir dégagé d'avance et mis en relief les relations de la province roussillonnaise avec ces deux grands pays, en appréciant les diverses actions et réactions dues à leurs contacts multiples, aux caractères génériques de peuples dont les traditions, les mœurs, la langue, l'organisation ou l'activité diffèrent.

Il est à peine besoin de dire que des questions aussi vastes et complexes, qui n'ont jamais encore été traitées dans un ouvrage d'ensemble, ne pouvaient faire l'objet de cette modeste étude.

L'histoire des corps d'arts et métiers en Roussillon est simplement un chapitre de l'histoire autrement considérable des Corporations Catalanes.

En effet, de 1172 à 1642, à part l'éphémère domination de Louis XI et de Charles VIII (1462-1493) sans influence profonde sur son histoire, le Roussillon n'a été qu'une province de la Catalogne (1).

(1) Sanpere y Miquel. Barcelona. Memoria historica filosophica y social. Barcelona, la Renaixensa, 1878, in-8. L'histoire du Roussillon forme un fragment de l'histoire des royaumes de Majorque d'Aragon ou d'Espagne. Régime féodal, constitutions politiques, divisions en classes, langue, arts, commerce, industrie, autant

De 1642 à 1789, le Roussillon fut soumis à la domination française ; malgré le particularisme de ses mœurs, ce pays dut se plier à l'unité politique et économique que l'ancienne monarchie, parvenue à l'absolutisme, achevait d'imposer à la France entière.

Dans sa deuxième période d'évolution, l'histoire des corps d'Arts-et-Métiers en Roussillon fait donc partie de l'étude des institutions corporatives françaises.

*
* *

Les considérations précédentes laissent deviner, sans qu'il soit utile d'y insister, le puissant intérêt d'une étude comparative indiquant les devenirs successifs d'une forme de l'organisation du travail qui a duré plusieurs siècles, et dont les transformations se sont produites sous l'action d'influences politiques et sociales très variées. On voit par là l'extrême étendue et les difficultés d'une semblable histoire.

*
* *

La limitation de notre sujet résulte de l'état de la question et des documents.

En Catalogne, un auteur célèbre, Capmany, s'est occupé de la question des corporations, dans un ou-

---

d'institutions communes au Roussillon et à la Catalogne. Les preuves des analogies historiques de ces deux pays ressortent de toutes les histoires générales. Voir en particulier, le livre de M. Vidal sur l'*Histoire de la ville de Perpignan* en qui s'est concentrée et résumée pendant longtemps la vie entière du Roussillon. Voir : Henry, *Histoire du Roussillon*, Paris, imprimerie nationale, 1835, 2 vol. in-8. — Gazanyola, *Histoire du Roussillon*, Perpignan, Alzine, 1857, in-8, p. 267. — P. Vidal, *Histoire de la ville de Perpignan jusqu'au traité des Pyrénées*. Paris, H. Welter, 1897, in-8o.

vrage sur le commerce, la marine et les arts de Barcelone (1).

M. Salsas l'a consulté aux archives de cette ville et a bien voulu nous fournir quelques renseignements.

Capmany s'est placé au point de vue de l'organisation de la corporation. Il en a étudié la vie intérieure, le mécanisme et le fonctionnement. Mais il a laissé de côté les relations des corps de métiers avec les pouvoirs publics et leur influence sur l'organisation de la Commune. Question capitale pourtant, si l'on en juge par ce qui s'est passé à Perpignan, « l'une des cinq bonnes villes de la libre Catalogne ».

Cet aspect essentiel de la corporation catalane n'a jamais été examiné ; l'on attend encore l'érudit qui résoudra ce grave problème à l'aide des milliers de documents des archives si riches de la commune de Barcelone et de la couronne d'Aragon.

Un historien moderne, Sanpere y Miquel, dans un ouvrage catalan de moindre envergure il est vrai, mais d'un grand intérêt, a indiqué l'importance de cette idée en lui consacrant deux longs chapitres (2). Cet auteur connaît les travaux de Capmany dont il cite et discute quelquefois les opinions.

Il est donc certain qu'à Barcelone, comme à Perpignan, les corps de métiers ont formé au Moyen-Age la base du système communal. En résumé, malgré l'œuvre de Capmany et l'esquisse de Sanpere y Miquel, l'histoire générale sur les Corporations Catalanes reste à écrire.

(1) Capmany. *Memorias historicas sobre la marina, comercio y artes de Barcelona.* 2 vol. in-f⁰, 1775. Cf. Sanpere y Miquel, op. cit., p. 128.

(2) Sanpere y Miquel, op. cit., p. 30 à 127.

En Roussillon, la question se ramène, dans ce qu'elle a de capital, à l'histoire des corporations de Perpignan.

La seule étude entreprise, pendant une courte période, est celle de M. Florent-Serrurier, que l'on serait tenté d'appeler volontiers l'*Histoire politique des métiers primitifs*. Mais ce n'est pas un travail d'ensemble puisqu'il néglige plus de trois siècles et la totalité des documents de l'époque moderne.

La principale source de renseignements se trouve aux archives de la commune de Perpignan, et pour une faible part à celles de Thuir et de Vinça.

Encore faut-il dire que les archives de Thuir ne contiennent que quelques documents fragmentaires sur quatre ou cinq confréries (1) ; celles de Vinça ne possèdent que deux registres de l'époque moderne sur la Confrérie Saint-François et sur la Corporation des Cordonniers, tanneurs et corroyeurs (2).

Les documents devaient être beaucoup plus nombreux avant la Révolution. Dans les États des Communautés dressés en exécution de l'arrêt du Conseil d'État du 1er septembre 1776 (3), les Syndics déclaraient fréquemment à l'officier du roi chargé de recueillir les renseignements, que les titres primordiaux étaient à la « maison de ville » et que les livres des délibérations et réceptions se trouvaient chez les « notaires secrétaires ».

En dehors des exceptions déjà citées, les hôtels-de-ville possèdent fort peu de documents : la tourmente

---

(1) Arch. comm. de Thuir, GG. 112, BB. 18, CC. 43, AA. 5.

(2) Arch. comm. de Vinça, GG. 2, HH. 1.

(3) Arch. départ., série C.

révolutionnaire les a sans doute dispersés ou détruits.
Quant aux archives notariales, M. Brutails a eu l'obligeance de nous les faire connaître comme les sources
les meilleures à consulter pour une étude sur les confréries rurales. Voici ce qu'il nous écrivait : « Dans les
campagnes, l'individu est plus isolé ; le groupement
sous forme de Confréries, le seul qui existât souvent
avec la paroisse, devait répondre aux avantages d'associations multiples : syndicat de propriétaires, secours
mutuels, banque agricole, bref de tous les désiderata
dont on se préoccupe encore. En thèse générale, le
dépouillement attentif des registres des délibérations
et des comptes me paraît préférable à l'analyse des
statuts : les deux sources d'information doivent être
mises à contribution. »

Les archives départementales contiennent huit mille
registres environ. Il est regrettable que l'absence de
tout inventaire rende cette matière inabordable pour
tout autre que pour un érudit. Nous nous faisons
cependant un devoir de signaler, avec M. Brutails,
l'importance très réelle de ce sujet, digne de tenter
une historien doublé d'un chercheur patient.

* *
*

Nous avons tenu à donner une vue d'ensemble des
travaux antérieurs et des sources pour bien préciser la
position de la question. Il nous sera permis maintenant
de formuler les conclusions suivantes : La Corporation
du Roussillon dans sa période constitutive s'est surtout
développée à Perpignan, où les documents sont plus
importants que partout ailleurs.

Pénétré de l'exacte notion des exigences de toute

étude scientifique, nous savons combien la découverte de la vérité historique exige de patientes élaborations et de facultés critiques. Le corps-à-corps avec des documents incomplets, tronqués ou sans suite, éveille dans l'esprit du chercheur une légitime défiance de ses propres forces, accentuée encore par la complexité des phénomènes sociaux. Aussi ne prétendons-nous pas avoir fait autre chose qu'une grande enquête générale sur l'Histoire des Corps d'arts et métiers en Roussillon. Nous avons voulu, par notre effort, contribuer à tracer la route que nos devanciers avaient ouverte, à placer quelques points de repère comme un explorateur dans un pays nouveau.

Le groupement logique et naturel des idées que nous allons exposer se divisera en deux grandes parties (1).

I. — De 1197 à 1449 se déroule la période de l'autonomie corporative correspondant à l'autonomie communale. Nous étudierons les corps de métiers en eux-mêmes, dans leur organisation intérieure ; puis dans leurs rapports avec la commune, nous analyserons le rôle important qu'ils ont joué jusqu'au XIVe siècle, au point de vue de la répartition des charges de la cité.

De 1346 à 1449 nous verrons les formes de la corporation primitive évoluer sous l'influence de causes éco-

---

(1) Il n'y a pas en Roussillon de *Livre des métiers* permettant, comme celui d'Etienne Boileau, d'avoir le tableau précis des métiers ainsi que des divers titres, coutumes et droits qui leur étaient relatifs. Il faut reconstituer toute l'histoire corporative à l'aide des documents originaux épars dont nous avons fait mention dans notre bibliographie.

nomiques, sociales et politiques. C'est une époque de transition.

II. — La deuxième partie de notre étude s'étend de 1449 à 1789.

Après avoir tracé un tableau d'ensemble des institutions corporatives dans leurs rapports avec le développement du commerce et de l'industrie, nous établirons la topographie des métiers à Perpignan ; puis nous étudierons dans sa formation et dans son essence, le type nouveau de la corporation qui s'est constitué à partir de 1449 et s'est maintenu sans modifications fondamentales jusqu'à la Révolution française.

C'est la période de la réglementation administrative succédant à celle de l'autonomie. Elle s'applique à tout le Roussillon.

Nous analyserons la législation des métiers pendant les XVIe, XVIIe et XVIIIe siècles, en indiquant les diverses phases de la main-mise royale sur les corporations. Enfin nous examinerons les rapports des métiers avec l'organisation politique, car ils constituent une des faces les plus intéressantes et le fonds même de l'histoire municipale de Perpignan.

L'état général des corps et confréries du Roussillon nous montrera leur vrai caractère à l'époque de la décadence, avant leur disparition définitive en 1791.

§ II. — Origines de la Corporation en Roussillon.

Quelles sont les origines des Corps d'arts et métiers en Roussillon ?

L'obscurité qui règne sur l'histoire primitive de notre province, l'extrême rareté des documents jusqu'au XI⁶ siècle, ne permettent pas de formuler des indications précises sur ce point. Aussi n'apporterons-nous au débat que des inductions générales résultant d'une interprétation des origines du droit, des institutions catalanes et de l'état des faits.

Le Roussillon a été compris pendant longtemps dans la province romaine très florissante de Septimanie, et l'on peut se demander si, malgré le naufrage de sa civilisation, engloutie sous le flot des Barbares, on n'a pas constaté au Moyen-Age une secrète persistance des traditions des collèges romains. La question vaut d'être posée, car le livre de Raynouard (1), après celui de Savigny (2), a montré la part considérable d'influence qu'il fallait parfois accorder à la législation romaine, sur le développement de certaines villes de France.

D'une manière plus précise, le régime des corporations du Roussillon se rattache-t-il aux institutions romaines sur le travail ? Voyons sur ce point les conclusions que nous pouvons tirer de l'opinion des auteurs, érudits ou historiens, sur l'influence du droit romain à l'égard du droit catalan.

Alart constate qu'après les invasions, et surtout après celle des Arabes, réduite aux proportions d'une « occupation armée », sans influence sur les institutions du Roussillon (3), la législation catalane fut constituée par

(1) Raynouard. *Histoire du droit municipal en France, 1829*, p. 273, 298, 316, 351.

(2) Savigny. *Geschichte der romischen rechtes in mittelalter.* 6 vol. Heidelberg, 1826-1831.

(3) V. Gazanyola. *Histoire du Roussillon*, op. cit., p. 80.

deux éléments : 1º des lois wisigothiques (1) ; 2º des usages et coutumes qui, « formés depuis les temps les plus reculés, eurent naturellement force de loi partout où ils s'étaient établis (2) ».

Brutails confirme l'opinion d'Alart : « Il n'est pas possible, écrit-il, de citer un seul document roussillonnais des IXe et Xe siècles, où le droit romain est visé (3). » Selon lui, les lois du Roussillon ont un caractère *sui generis*.

Enfin Gazanyola s'attache à démontrer « que si les circonstances favorables permirent aux habitants de la Septimanie, voisins de la France, de conserver la loi romaine ou de la reprendre après la disparition de la monarchie des Goths, ceux du Roussillon, au contraire, adoptèrent, comme les Espagnols, la loi wisigothique et la suivirent uniquement jusqu'après l'an 1068 (4) ».

Ainsi donc, la loi romaine ne l'a pas emporté, et des auteurs déclarent même qu'à de certaines périodes elle a complètement disparu.

*
* *

(1) Alart. *Privilèges et Titres relatifs aux franchises, institutions, etc.* Perpignan. Ch. Latrobe, 1878, in-4º, p. 14 et p. 17. « Ce qu'il y a de certain, dit-il, c'est que les rois franks furent purement et simplement substitués aux rois wisigoths, et les populations vécurent gothiquement, si on peut le dire, sous l'empire de la *loi des Wisigoths* qui fut le seul Code reconnu comme loi du pays jusqu'à la fin du XIe siècle au moins, sans qu'il fût fait jamais mention ni de capitulaires ni d'aucune ordonnance d'origine franque. »

(2) Alart. Ibid., p. 18.

(3) Brutails. *Étude sur la Condition des populations rurales,* op. cit., p. XLII, XVIII, XXVI.

(4) Gazanyola. *Histoire du Roussillon,* op. cit., p. 69, 71, 131.

Toutefois, ces preuves indirectes ne nous suffisent point. Les historiens qui prétendent souder les institutions corporatives du Moyen-Age aux anciens collèges d'artisans, s'appuient sur la persistance des municipes romains. Comment admettre, disent-ils, « que dans les villes ou s'étaient perpétués la vie municipale et le système administratif de l'ancienne *civitas*, les collèges d'artisans aient disparu sans que le moindre vestige de cette organisation séculaire ait subsisté (1) » ?

Certes, il y avait des liens très réels entre les institutions municipales et les institutions corporatives romaines.

Mais l'existence des traditions des municipes romains en Roussillon au Moyen-Age est résolument niée par Alart (2), et il semble bien que nous ayons le droit de dire, nous aussi, comme on l'a fait pour d'autres provinces de la France : « Tout porte à croire que les derniers vestiges des institutions municipales romaines disparaissent en Gaule sous la dynastie carlovingienne » et « on n'a encore établi d'une façon précise cette filiation pour aucune cité de la France au Moyen-Age (3) ».

---

(1) Étienne Martin Saint-Léon. *Histoire des Corporations de Métiers depuis leurs origines jusqu'à leur suppression en 1791*. Paris, Guillaumin, 1897, in-8, p. 52.

(2) Alart. *Privilèges et Titres*, op. cit., p. 21. Les communes les plus anciennes qui avaient une importance sous la domination romaine, comme Livia, Elne, Collioure, ne présentent, dans leurs institutions municipales au Moyen-Age, « *rien qui ressemble de près ou de loin* à une transmission directe ou à une continuation des libertés des municipes romains ». — V. Brutails. *Étude sur la condition*, etc., op. cit., p. 263. Les communes roussillonnaises ne se rattachent pas aux municipes romains.

(3) Esmein. *Histoire du Droit français*. Paris, Larose, 1895, in-8, p. 299.

Nous sommes donc amenés à chercher ailleurs que dans le secret des traditions romaines, l'origine des corporations en Roussillon. D'ailleurs, nous possédons des éléments plus directs d'information qui, à défaut de certitude historique, nous permettront d'établir l'hypothèse la plus probable.

En ce qui concerne la Catalogne, Capmany déclare que les origines des corps d'arts et métiers lui sont restées inconnues (1). Seule, la nécessité aurait créé, d'après lui, les associations d'artisans.

Sanpere y Miquel expose à son tour que ses recherches dans les archives de Barcelone ont été infructueuses, et il désespère que la lumière se fasse jamais sur ce point (2). Il combat pourtant avec énergie la thèse des romanistes et affirme qu'en Catalogne la confrérie a précédé la corporation, « precedeix la confrarié al gremi ». Selon lui, l'idée religieuse dominait la vie tout entière de cette époque, et la confrérie avait pour objet essentiel « d'assurer une sépulture qui devait garder un corps destiné à la résurrection (3) ».

Quoi qu'il en soit, les auteurs qui se sont arrêtés à la question des corporations catalanes écartent l'hypothèse de la persistance de l'influence romaine. Aucun n'a formulé sa pensée avec autant de netteté que M. Florent-Serrurier. « Il est impossible de rattacher, à

---

(1) Capmany, op. cit., t. I, p. 32. « No's ha trobat fins ara cap memoria que'ns llumeni o guii pera cercar l'época ficsa de la institucio dels gremis d'artesans de Barcelona. » Cf. Sanpere y Miquel, op. cit., p. 128.

(2) Sanpere y Miquel. Ibid., p. 128: « Y casi desesperem de que's fassi llum sobre'l-seu origen. »

(3) Ibid., p. 129. « Aixo es l'idéa de procurarse un sepulchre que havia de guardar un cos destinat à renaixer. »

Perpignan, le régime corporatif aux institutions romaines sur le travail. Les collèges professionnels qui se créèrent dans cette ville au XVe siècle n'ont de commun que le nom avec les *collegia opifica* du droit impérial (1). »

* * *

Voici donc les résultats acquis. L'étude des origines du droit catalan et l'opinion des auteurs sont d'accord pour rendre douteuse l'hypothèse de la liaison des collèges romains avec les corporations catalanes et roussillonnaises du Moyen-Age ; la seule origine vraisemblable est celle qui a donné naissance à tant d'autres institutions : la nécessité.

« La corporation fut, dans le principe, une association défensive des artisans d'une même profession contre les vexations des seigneurs et les désordres d'une époque troublée... Les corporations s'unirent entre elles pour la garantie des intérêts communs (2). »

M. Brutails confirme indirectement cette idée générale en montrant que la nécessité est le facteur historique des groupements qui ont formé les villages (3).

Union pour la défense, union pour la vie, telle est l'origine essentielle des communautés. Remparts des villages et des villes bâtis par tous, corvées, service de guet, entretien des canaux d'arrosage, tout cela répondait aux mêmes besoins de sécurité, au service d'intérêts communs. Les communautés d'habitants consti-

---

(1) Florent-Serrurier, op. cit., décembre 1895, p. 811.

(2) Cauwès. *Cours d'économie politique*, op. cit., t. I, p. 109.
— Esmein. *Histoire du Droit français*, op. cit., p. 304 et 700.

(3) Brutails. *Étude sur la condition*, etc., op. cit., p. 34 à 38.

tuaient ainsi de véritables « Syndicats naturels (1) ».

La solidarité (2), en face du péril commun, avait formé les groupes communaux, l'identité d'intérêts professionnels réunit les travailleurs en corporations. « Il était nécessaire de former de pareilles associations à une époque où la loi était faible et où l'union pouvait seule défendre les pauvres artisans contre l'oppression féodale (3). »

L'analyse de la constitution et du rôle de la corporation en Roussillon rendra plus évidente cette conclusion sur les origines.

---

(1) Ibid., p. 254 et 242. « Les gens du même village étaient restés unis par des intérêts communs. »

(2) Ibid., p. 244. « Cette solidarité était *passive*, en ce sens que la communauté était responsable des dommages autres que le vol commis sur leur territoire et dont l'auteur restait inconnu. Elle était *active*, en ce que la cause d'un homme insulté ou lésé devenait celle de toute la communauté, p. 245 et 285. C'est ce qu'on appelait le privilège de « ma armada ».

(3) Ouin-Lacroix. *Histoire des corporations, des corps de métiers et des confréries religieuses de la capitale de la Normandie.* Lecointe frères, Rouen 1850. Citation de Chéruel. — V. Hubert-Valleroux, op. cit., p. VII.

CHAPITRE II

LES CORPS D'ARTS ET MÉTIERS CONSIDÉRÉS DANS LEUR

ORGANISATION INTÉRIEURE

(1197-1346)

La première période de l'Histoire des Métiers s'étend de la fin du XIIᵉ siècle à la première moitié du XVᵉ. Cette époque est caractérisée par le développement de la liberté communale et de l'autonomie corporative.

Les métiers et la commune groupent et enserrent tout le peuple dans une forte unité, reçoivent leur organisation et leur administration du peuple lui-même avec lequel ils sont, pour ainsi dire, identifiés.

Les habitants des communautés conquièrent les prérogatives du pouvoir politique ; par les magistrats et les lois qu'ils se donnent, ils favorisent l'éclosion des institutions corporatives, nées sous l'empire du besoin.

C'est le régime démocratique du Travail et de la Cité dans un splendide et harmonieux épanouissement.

De nombreuses causes expliquent cette physionomie si curieuse des corporations du Roussillon au Moyen-Age ; certaines sont dues au tempérament particulier du peuple catalan et à la situation géographique de ce pays, mais toutes se ramènent à la plus essentielle qui repose sur des motifs d'ordre politique et social.

*
* *

Avec une jactance toute espagnole, et qu'il faut sans doute attribuer à l'aveuglement d'un patriotisme exclusif, l'auteur de *Barcelona* prétend que la Catalogne fut toujours la nation la plus libre du monde, « la nacio la mes lliure del mon (1) ». Sous l'expression emphatique de cette prétention orgueilleuse, se cache pourtant un grand fonds de vérité. En fait, la Catalogne a joui, pendant de longs siècles, de nombreuses et importantes libertés dont l'effet se traduisit par une prospérité remarquable par rapport aux autres États de l'Espagne (2).

Les Catalans du Roussillon ont eu, à un plus haut degré peut-être que ceux de la Catalogne, avec lesquels ils offrent aujourd'hui encore tant de points de contact et de ressemblance, le vif et indestructible amour de la liberté.

Voici, en quelques mots décisifs, comment Henry résume la nature de ce peuple : « Jaloux à l'excès de ses prérogatives et ardent pour l'indépendance, il a un fonds d'inquiétude qui lui fait supporter avec impatience toute espèce de contrainte et d'autorité. C'est le carac-

---

(1) Sanpere y Miquel, op. cit., p. 31.

(2) Obras de Cadashalso. Cartas Maruecas, pl. 130, 198 y 199, T. II, Ed. de Madrid 1818. Cf. Sanpere y Miquel, p. 28 : « Los Catalanes son les pueblos mas industriosos de Espana. Manufacturas, pesca, navegacion, comercio, asientos, son cosas apenas conocidas en otras provincias de la Peninsula, respecto de los Catalanes. »

tère de tous les Catalans, tant au-deçà qu'au-delà des Pyrénées (1). »

L'opinion d'Henry n'est pas isolée ; tous ceux qui ont étudié l'histoire du Roussillon ont également noté ce trait dominant de l'esprit catalan (2).

* * *

D'autre part, sa situation géographique a fait du Roussillon le champ de bataille naturel, le théâtre constant de la guerre entre ceux qui s'efforçaient de franchir et ceux qui défendaient les Pyrénées. Le peuple, pour ce motif, fut contraint d'organiser fortement la défense de sa vie matérielle et de ses intérêts contre les surprises des attaques d'un ennemi inconnu, mais toujours prêt à surgir (3).

Menacés par les mêmes dangers, les habitants du Roussillon apprirent à se sentir solidaires, à considérer comme primordiale la sauvegarde des intérêts et des droits de la communauté.

L'obligation de se défendre par leurs propres moyens nous fait comprendre et justifie en grande partie l'âpreté

---

(1) Henry. *Histoire du Roussillon*, op. cit., t. I, p. LIII.

(2) Voir sur ce point : Brutails, *Notes sur l'économie rurale du Roussillon à la fin de l'ancien Régime*. (Perpignan, Latrobe, 1889, in-8, p. 180), et Jaubert-Campagne, *Essai sur les anciennes institutions municipales de Perpignan* (Perpignan, Alzine, 1833, in-8, p. 6 et 81).

(3) Henry, op. cit., t. I, p. LVIII. « L'histoire du Roussillon est, dans l'histoire générale des peuples, l'une de celles qui offrent le plus de calamités. Battu par mille tempêtes sous les différentes dominations auxquelles il a été soumis ; dévasté par des guerres continuelles toujours accompagnées de meurtres et d'incendies, le Roussillon a été saccagé tour à tour par les Romains, les Goths, les Sarrazins, les Normands, les Aragonais et les Français. Ses habi-

avec laquelle les Catalans se sont obstinés à la conquête des droits politiques ; elle explique aussi la violence des luttes communales, lorsque la bourgeoisie, issue des corps de métiers, prétendit s'emparer exclusivement du pouvoir qu'elle partagea avec la noblesse à partir du XVIe siècle jusqu'à la Révolution.

*
* *

Les nécessités extérieures, les besoins créés par les circonstances et le milieu devaient amener les artisans déjà liés par des intérêts communs, à s'unir pour la conquête des droits appelés à garantir ces intérêts. Ainsi, dans le Roussillon comme dans beaucoup d'autres provinces de la France (1), l'affranchissement munici-pal eut pour base la corporation. Les deux aspects de la vie sociale au Moyen-Age sont la commune et la cor-poration. Mais nous n'insisterons pas ici sur la liaison intime de ces deux institutions : ce sera l'objet du cha-pitre sur la vie extérieure des corps d'arts et métiers.

Il nous suffira de dire que le mouvement corporatif suit une route parallèle au mouvement communal, qu'il grandit, se développe, se transforme, s'atrophie ou disparaît avec lui. Nous pourrons faire la démons-tration de cette idée générale depuis le XIIe siècle jus-qu'à la fin du XVIIIe.

tants, avant d'être Français, n'avaient jamais vu un siècle s'écou-ler sans que quelque nouveau désastre ne vînt faire couler leurs larmes et leur sang. »

(1) V. Etienne Martin-Saint-Léon, op. cit., p. 55 et 56. — Hu-bert-Valleroux. *Les corporations d'arts et métiers et les Syndi-cats professionnels.* Paris, Guillaumin, 1885, in-8, p. 10, et suiv. — Deschanel. *Le Peuple et la Bourgeoisie.* Paris, Germer-Bail-lière, 1881, in-8, p. 72 et suiv.

Ajoutons à ces considérations que les rois d'Aragon ou de Majorque qui se succédèrent de 1172 à 1300, firent preuve d'un esprit politique remarquable en n'entravant pas le développement des libertés communales catalanes. Ils comprirent qu'ils devaient s'appuyer sur le peuple pour lutter avec lui, comme lui, contre la turbulence des Seigneurs laïques et ecclésiastiques, afin d'établir par ce moyen un contre-poids à leur puissance. Les princes de Catalogne savaient en outre que toute force violente de compression se serait infailliblement brisée contre le sentiment de fière indépendance des populations (1), à qui ils accordèrent, pour ne pas se les voir arracher de haute lutte, presque tous les privilèges de la souveraineté (2), en matière de pouvoir politique, justice, impôts, droit de défense armée.

L'histoire a donné raison à la clairvoyance royale, car l'esprit d'opposition catalan s'est maintenu sous tous les régimes, à toutes les époques, et jamais l'assimilation du Roussillon à l'Espagne ou à la France n'a été complète.

*
* *

Voilà, en résumé, le milieu dans lequel nous suivrons l'évolution des institutions corporatives roussillonnaises à l'époque de leur autonomie. Nous étudie-

(1) Alart. *Quelques privilèges de Villefranche*. (Biblioth. comm. Perpignan, Roussillon, divers), p. 269. « Peut-être n'y a-t-il pas de pays dont l'histoire offre au même point que la Catalogne, le sombre récit de ces révoltes contre le pouvoir central, de ces repressions sanglantes qui forment le trait le plus saillant des annales des Catalans dans les trois derniers siècles. »

(2) Nous les étudierons dans le chapitre suivant, dans leurs rapports avec les métiers.

rons surtout les corps d'arts et métiers de Perpignan, puisque c'est là seulement que nous trouvons des documents, et aussi parce que la situation privilégiée (1) de cette ville dut, par la puissance de l'exemple, inspirer l'organisation des métiers dans les autres communes (2).

Notre exposé comprendra deux parties distinctes, suivant l'ordre naturel et logique des faits.

De 1197 à 1346 le réveil corporatif est la conséquence de la conquête des libertés communales. Les corps d'arts et métiers jouissent de l'autonomie intérieure et leur action dans l'organisation communale est très directe et puissante.

1° Nous étudierons, dans ce chapitre, la composition des associations d'artisans, leurs dénominations diverses, le recrutement du personnel, et nous verrons que le régime de la corporation « ouverte » régnait à cette époque.

2° En second lieu nous chercherons à définir le rôle et les fonctions des administrateurs-directeurs des offices ou corps de métiers, prohoms, sobreposats, etc.

3° Enfin, la réglementation et la police des métiers nous conduira à l'examen des statuts. Quelles autorités avaient-elles le droit de les établir, quelle était leur nature ? La pensée des législateurs des métiers visait

---

(1) P. Vidal. *Histoire de la Ville de Perpignan*, op. cit., p. 48. « Des villages voisins on accourut à Perpignan pour jouir des privilèges et coutumes ; les gens de métier y trouvent un foyer de travail. »

(2) Nous signalerons en effet un certain nombre de privilèges et règlements corporatifs applicables à Perpignan et à d'autres villes.

la fabrication des produits et quelquefois les conditions du travail et de la vente.

Ainsi nous aurons parcouru les principaux traits de la physionomie corporative à cette époque ; nous les compléterons dans le chapitre suivant par nos recherches sur la vie extérieure des métiers.

§ I. — Composition et Personnel.

On désigait les groupements professionnels du Roussillon sous le nom d'*offices*. Ce mot, dérivé du latin *officium*, est traduit dans les textes du XIIᵉ au XVIIᵉ siècle par le terme catalan de « *offici* ». C'était la désignation générique de l'association basée sur la similitude de profession (1).

* *
*

Jusqu'en 1360 (2), les offices furent répartis en deux grandes catégories :

Les offices honorables ou *arts*, comprenant en général les métiers qui ont un caractère industriel, drapiers, mercadiers, chirurgiens par exemple ;

Les offices mécaniques ou *métiers* qui groupaient les forgerons, menuisiers, charpentiers, tanneurs, etc. On leur donnait aussi le nom de *officia mecanica* ou *ministeria*, et à leurs membres celui de menestrals.

(1) Florent-Serrurier, op. cit., décembre 1895, p. 808.
(2) Arch. comm. de Perpignan, AA. 3, fᵒ 227. Mandement du roi Pierre IV d'Aragon, réduisant le nombre des métiers à Perpignan. De cette époque date la division en *offices mécaniques* et en *collèges*, maintenue jusqu'en 1622.

Rien de précis d'ailleurs dans ces distinctions, car, en 1346, une ordonnance du roi charge les Consuls de trancher les contestations relatives à la classification d'un individu dans l'un ou l'autre de ces offices (1).

Il y avait autant d'offices que de métiers ; mais ce principe n'était pas absolu. Les métiers composés d'un petit nombre de membres étaient agrégés aux métiers similaires et formaient avec eux un office commun. L'état de sa prospérité paraît avoir déterminé la part d'influence qu'un office possédait sur ceux de la commune (2).

*
* *

Qui pouvait faire partie des offices ?

En règle générale ils comprenaient tous ceux qui exerçaient le même métier, ou des métiers similaires dans le cas d'agrégation de deux ou plusieurs offices. Cependant les limites de chaque office étaient incertaines en raison même de cette subordination des métiers de moindre importance à ceux qui avaient un plus grand nombre de membres (3). Des contestations se produisaient pour savoir à quel office appartenait un

---

(1) M. P. Vidal signale dans son *Histoire de Perpignan*, p. 44, une catégorie de métiers « réputés vils » dont la pratique excluait de toute participation aux charges et droits de la ville. Nous n'avons pu savoir en quoi consistaient exactement ces professions.

(2) Arch. comm. de Perpignan. AA. 3, f° 341. « L'offici dels ortolans exerceys en nombre de personas sobre tots los altres officis de la dita vila. »

(3) M. Florent-Serrurier, op. cit., déc. 1895, p. 818, déclare imprudent de baser aucune affirmation sur les divisions primitives de chaque genre de travail auquel correspondaient les offices. Aucun document ne nous les donne.

ouvrier. C'était là une question essentielle puisque, comme nous le verrons plus loin, la répartition des charges communales, impôts, service militaire, était fixée par chaque corps de métiers.

En 1332 (1), les consuls décident que les habitants de Perpignan appartiennent au métier qui leur rapporte le plus et auquel ils travaillent le plus habituellement, *illius ministerii quo magis lucrantur et quo magis utantur*. Ce principe nouveau fut confirmé par un nouvel acte en 1354 (2).

L'office était donc *ouvert* à tous les artisans d'une même profession et, semble-t-il, sans autres conditions que d'exercer le métier, car les deux modes de réception au métier les plus anciens datent de 1449 et s'appellent les *matricules* des Bourgeois et des Marchands. Elles consistent simplement dans l'inscription sur les listes d'offices : encore ne sont-elles, à cette époque, « qu'un simple enregistrement, ne limitant en rien le nombre des gens établis de chaque profession (3) ».

Deux catégories d'ouvriers restent seules en dehors des offices et, par voie de conséquence, sont écartés de de toute participation aux affaires de la ville dont les

---

(1) Arch. comm. de Perpignan, BB. 7, fo 80. Déjà, en 1330, une contestation entre jardiniers et charretiers avait été tranchée ainsi : (V. Arch. comm. de Perpignan, BB. 7, fo 124 ; Ibid. fo 80.) « Com fos constrat entre als sobrepausats dels ortolans de una part, els sobrepausats de aventurers de altra part, so es d'alscuns homes que cascuna dels parts dizien que deuien metre ab els : e fo aysi ordonat que jurassen aquels, dels quals era lo contrast, e d'aquel de que gazanyaven mes dins l'any que ab aquel mesessen. »

(2) Arch. comm. de Perpignan, AA. 3, fo 292. Acte du 8 octobre 1354.

(3) Florent-Serrurier, op. cit., déc. 1895, p. 812.

artisans étaient les maîtres. Ce sont *les brassers* ou, étymologiquement, selon l'expression de M. Vidal, ceux qui n'ont que leurs bras pour vivre (1) auxquels devaient se rattacher sans doute les « *persones vilœ* » exerçant des métiers misérables. Les autres prolétaires exclus, étaient les *llogaders* ou journaliers. Un document curieux les signale pour la première fois en 1284 : il porte une défense de leur donner à manger à l'auberge (2).

La corporation étant « ouverte », il en résulte que les conditions d'accession à l'office ne devaient présenter aucune difficulté. En effet « l'apprentissage n'avait rien de réglementaire. C'était, comme de nos jours, un contrat purement privé, librement consenti entre le patron et le débutant, et ne donnant aucun titre officiel (3) ».

L'ordonnance du 7 mai 1381 établit pour la première fois l'apprentissage obligatoire des épiciers dans un but d'utilité publique, car ils étaient aussi apothicaires et droguistes (4). M. Florent-Serrurier prétend que cette ordonnance était une innovation, puisqu'un siècle plus

(1) Vidal. *Histoire de Perpignan*, op. cit., p. 44.
(2) Arch. comm. de Perpignan, BB. 7, fo 53. Publié par Alart: Documents sur la langue catalane des anciens comtés de Roussillon et de Cerdagne. Paris, Maisonneuve, 1881, p. 68. « Ordinacio del dinnar dels mœstres. »
(3) Florent-Serrurier, op. cit., déc. 1895, p. 812.
(4) Arch. comm. de Perpignan, BB. 7, fo 133. « Tos hom qui livara obrador del mester de la speciayria en la vila de Perpinya, ho usara del dit mester, d'aysi avant haia star en lo dit mester Vañys, si donch no era fill d'espociayre ; et si es hom, qui en lo dit mester haia stat fora la vila, ha mostra carta testimonial del loch o lochs, hon auria apres lo dit mester, in cant tempo hi haura stat ».

tard les charpentiers « avaient la témérité de s'établir maîtres sans avoir été disciples (1) ».

§ II. — Administration.

Nous avons vu la composition, le personnel de l'office. Comment était-il administré ? Dès l'origine, les corps d'arts et métiers semblent avoir eu à leur tête deux directeurs appelés *sobreposats* ou *caps de mesters*, (en latin *suprapositi* ou *capita ministeriorum*). Leur institution s'est maintenue jusqu'à la Révolution. Seuls les collèges s'organisèrent, à partir du XVe siècle, sur un mode différent.

Les sobreposats ou chefs de métiers (prévôts) tenaient leurs fonctions de l'élection annuelle (2) à laquelle prenaient part tous les membres de l'office indistinctement, ou, dans tous les cas, la majorité d'entre eux (3).

Les pouvoirs des directeurs des offices étaient nombreux avant 1449 ; ils représentaient véritablement la corporation dans tous les actes de réglementation et

(1) Florent-Serrurier, op. cit., déc. 1895, p. 813. Ce mot de disciples paraît être toujours employé pour désigner les apprentis. V. Alart. *Documents sur la Langue catalane*, op. cit., p. 228. « Ordonament dels fabres », 1311.

(2) Arch. comm. de Perpignan, AA. 1, fo 212. « In villa ipsa sunt plura officia mecanica ; et utentes quolibet ipsorum officiorum *eligunt, anno quolibet,* duos eorum rectores, qui suprapositi vel *cap de mesters* vulgariter appellantur, quique defferunt tempore exercitus vel aliis casibus assuetis pendones vel seneyrias cum signo cujuslibet ipsorum officiorum. »

(3) Arch. comm. de Perpignan, BB. 7, fo 252. « La electio dels sobreposats dels officis... que abans se fahia per molts dels dits, officiis o mesters, *per tots los singulars o la mes part* d'aquells. »

de gestion ; ils tenaient la caisse de l'office ou *cominal* et recevaient le produit des cotisations des membres destiné à payer les dépenses de l'office lors de sa participation aux cérémonies publiques ou aux fêtes religieuses. Nous n'avons pas trouvé de document précis pour l'époque que nous étudions, mais les textes postérieurs au XVe siècle nous montrent que les corps de métiers ont observé cette pratique jusqu'à la Révolution.

Les autres attributions non moins importantes des sobreposats leur donnaient le droit de faire des règlements ou statuts corporatifs, d'établir la répartition de l'impôt ou des obligations militaires entre les membres de l'office, de porter l'enseigne ou pennon de la confrérie (1) dont ils étaient les fabriciens-nés. Bref, leur autorité s'étendait, on peut le dire, à toutes les manifestations de la vie de l'office. Nous reviendrons sur ce sujet lorsque nous analyserons le rôle des corps de métiers au point de vue extérieur, c'est-à-dire dans leurs rapports avec l'administration de la commune (2). Pour compléter ces indications, il convient d'ajouter que les sobreposats exerçaient aussi des fonctions judiciaires. Ceux de l'office des jardiniers, en particulier, composaient un tribunal dit de l'*Horta*, dont le rôle considérable mérite de retenir l'attention (3). De même, nous

---

(1) Arch. comm. de Perpignan, BB. 7, fo 24.

(2) Arch. comm. de Perpignan, BB. 7, fo 125, et AA. 1, fo 212 vo. Florent-Serrurier (op.-cit., déc. 1895, p. 814, note) ne peut affirmer si tous les offices avaient leur chapelle et constituaient une confrérie. Il constate seulement que « la confrérie, le culte du patron jouait un petit rôle dans la vie des offices primitifs ».

(3) V. le chapitre suivant.

aurons l'occasion de montrer que la compétence des deux chefs de l'office des marchands s'appliquait à toutes les affaires commerciales (1).

*
* *

L'office avait-il un patrimoine ? Nous sommes obligé de l'avouer, nos recherches, sur ce point, n'ont pas abouti. Peut-être sera-t-on mieux renseigné là-dessus le jour où l'on aura dépouillé les sept ou huit mille registres de notaires qui dorment aux archives départementales.

M. Florent-Serrurier, s'appuyant sur l'étude de M. Brutails sur la condition des populations rurales, émet une hypothèse intéressante, mais dont la vérification exigerait des recherches approfondies. Il se demande si l'on ne pourrait pas démontrer que « l'organisation primitive des métiers ne fut pas créée plus tôt par le travail en commun que par l'association des travailleurs (2). » Il rappelle que « la propriéte collective de l'outillage des draperies » existait au XIVᵉ siècle (3) que le curage des ruisseaux se faisait en commun, ainsi que certaines cultures (4). Mais cette hypothèse de la

---

(1) Ibid.

(2) Le tribunal constitué par ces deux sobreposats appelé la « llotga de mar », fut créé par Jean d'Aragon le 22 décembre 1388. (Arch. comm. de Perpignan, AA. 3, fᵒ 308).

(3) Florent-Serrurier, op. cit., déc. 1895, p. 810.

(4) Nous avons tenu à signaler ce point de vue à cause de son originalité. Les inventaires des Communautés du Roussillon dressés en 1778 nous ont appris que les « pareurs » de Prats de Mollo possédaient collectivement un moulin à foulon et une maison, et que les cerers de Perpignan avaient, à titre de propriété commune, un

pratique du communisme est, de l'aveu même de
M. Florent-Serrurier, une des plus obscures de l'histoire des origines de la Catalogne. Nous l'avons indiquée à titre de curiosité.

§ III. — Réglementation et police des métiers.

La législation des métiers, dans notre période, manque d'unité. Cela tient à ce que la nature étroite et exclusivement locale des corporations se prêtait mal à une organisation plus large et plus vaste.

La direction de chaque métier n'était pas subordonnée à une vue d'ensemble ; elle s'opérait à mesure des besoins, toujours très restreints, de l'office.

En outre, la société féodale, à l'encontre des sociétés modernes, ignorait la centralisation des pouvoirs : l'autorité y était souvent morcelée.

Aussi ne faut-il pas s'étonner que le droit de faire des réglements corporatifs put appartenir à la fois à plusieurs personnes de qualité différente.

De l'analyse des documents, semble se dégager cette idée générale que les statuts des offices avaient d'abord été établis par les *prohomens* ou *prohoms*, puis par les *sobreposats* ou chefs de métiers, enfin par les consuls.

En principe, les associations d'artisans s'administraient elles-mêmes, restaient maîtresses de leurs destinées.

Montrer le rôle de chacun des collaborateurs de la

moulin à presser la cire, dont chaque confrère pouvait se servir en payant un certain droit par chaque pressurage.

même œuvre, puis indiquer l'objet des statuts, c'est-à-dire la réglementation de la fabrication, du travail et de la vente à laquelle ils s'appliquaient, telle est la démonstration que nous allons poursuivre.

*
* *

De nombreux documents font mention des *Probi homines* ou *Prohoms* (1) dès les premiers temps de la fondation de Perpignan. En 1025 ils apparaissent comme les principaux habitants de la ville, et en 1149 ils sont revêtus du pouvoir civil et politique (2). « Ils ne constituent en rien une caste à part, quelque chose comme les ancêtres des bourgeois (3). » Ce sont simplement les notables de chaque classe, et ils composent, à côté du seigneur et du Bayle, une sorte de conseil oligarchique.

D'où venait leur autorité ? M. Brutails nous l'indique avec beaucoup de clarté : « Leur situation de fortune suffisait à leur conférer des prérogatives et une supériorité de droit, de même que de nos jours, en Andorre, elle réserve aux *Caps grossos*, aux principaux propriétaires, les hautes dignités de ce petit pays... Il n'y a donc rien de surprenant à ce que de tels personnages

(1) Arch. comm. de Perpignan, AA. 3, fº 92, publié par Massot. Reynier, *Les Coutumes*, p. 51, et par Alart, *Privilèges et Titres*, p. 94. — AA. 3, [fº 20, publié par Massot. Reynier, *Les Coutumes*, p. 54, et par Alart, *Privilèges et Titres*, p. 37, 40, 41, 53 et 159.

(2) P. Vidal. *Histoire de Perpignan*, op. cit., p. 38 et 39. Les *prohomes* sont, avec le bailli et le viguier, « les seuls officiers de justice, d'administration et de police que les documents de l'époque mentionnent ».

(3) Florent-Serrurier, op. cit., déc. 1895, p. 801.

aient représenté, dans des circonstances difficiles ou solennelles, les intérêts de la communauté et joué un rôle particulièrement important dans l'administration communale (1). » L'usage s'était établi de prendre certains de ces notables et de les charger de la gestion des intérêts communs.

Nous relevons, dans un grand nombre de documents corporatifs de la fin du XIII° siècle et du commencement du XIVᵉ, de fréquentes interventions des *Probi homines* dans les corps de métier.

Tantôt ils font, avec le bayle, une ordonnance sur l'interdiction de sortir de la ville des denrées alimentaires (2), tantôt ils interviennent dans le règlement que les consuls établissent sur les fours des briquetiers et la manière de fabriquer ou de faire cuire les briques et les tuiles (3). D'autres fois, ils collaborent aux ordonnances des métiers avec le roi et les consuls, comme le prouve, par exemple, le règlement de 1296 (4) sur les *Argenters*.

L'intervention des prohomens dans l'organisation des métiers primitifs est un fait certain : nous n'en donnerons pas un plus grand nombre d'exemples.

*
* *

(1) Brutails. *Étude sur la condition des populations rurales*, op. cit., p. 258 et 259.

(2) Ordinacions, I, f⁰ 13, v⁰. Publié par Alart, *Documents sur la langue Catalane*, op. cit., f⁰ 66, 1275.

(3) Archives comm. de Perpignan. Ordinacion, I, f⁰ 1, v⁰, publié par Alart, *Documents sur la langue Catalane*, op. cit., p. 70.

(4) Ibid. Ordinacions, I, f⁰ 33. Ibid., Alart, p. 119.

Les sobreposats ont joué également un rôle très notable dans la confection des statuts : à l'origine, les fonctions n'étant pas divisées comme elles le seront à partir de la deuxième moitié du XVe siècle (1), ces chefs de métiers semblaient cumuler le double rôle d'agents de direction et d'exécution : ils faisaient les statuts et en surveillaient l'application. Il ne nous reste d'eux que deux règlements. Le premier, de 1292 (2), intitulé : *Ordonament co los sobre pausatz dels ortolans agen cura dels camis*, s'applique aux jardiniers. Il prescrit la largeur et l'entretien des chemins entre les jardins, la distance des cultures où l'on peut planter des arbres. En cas de contestation, les sobreposats s'efforceront de concilier les parties, et se prononceront loyalement « agen aco a veser e adobar, segons que lur sera vigares lialment ».

Le second règlement dit : *Ordonament des Tenyeyres*, est remarquable en ce qu'il s'applique à Perpignan comme à tout le comté de Roussillon, de Cerdagne et même à tout le royaume de Majorque (3). Il prescrit aux teinturiers ou *tenyeyres*, les drogues qu'ils doivent employer pour la teinture des draps.

Les sobreposats ont probablement établi peu de sta-

---

(1) Voir deuxième partie de cette étude.

(2) Arch. comm. Perpignan. Ordinacions, I, fo 4, vo, publié par Alart, op. cit., p. 101.

(3) Arch. comm. de Perpignan. Ordinacions, fo 24. « Ordonaren los sobrepausats dels tenyeyres e dels parayres de la vila de Perpinya per tot Rosselyo e per Cerdanya e per Vilafrancha de Conflent, et per tota la tera del senyor rey de Malorcha que no sia negu tenyeyre qui gaus, etc.... » Publié par Alart, op. cit., p. 174.

tuts *de leur propre autorité* (1). Presque tous les documents rappellent en effet que les « ordonnaments » sont rendus à la demande des sobreposats et de « beaucoup d'autres membres » de l'office. Donc, les sobreposats subissaient l'impulsion et le contrôle des assemblées des membres de leur corps dont ils n'étaient plus que les agents d'exécution.

Des actes positifs restreignirent le pouvoir réglementaire des chefs de métiers. En 1380, les *mostassafs*, ou sorte de commissaires de police, sont seuls admis à réglementer l'industrie des revendeurs ou « tenders ». C'est en vain qu'ils font entendre des protestations (2). En 1400, l'atteinte portée aux sobreposats est capitale. L'acte royal du 3 juillet (3) tend à faire passer le droit d'élaborer les statuts, des chefs de métiers aux consuls.

Le motif invoqué par le roi est que les chefs de métier se préoccupent plus de leurs intérêts que de ceux du public. Les consuls seront chargés à l'avenir d'annuler les ordonnances défectueuses.

*
* *

Les consuls étaient les véritables chefs de la Commune, les fondés de pouvoirs, les représentants de la ville (4). « Élus pour régir, administrer les affaires de

---

(1) Le très petit nombre de ceux qui nous restent confirme cette opinion.

(2) Arch. comm. de Perpignan, AA 3, fº 279, le 27 sept. 1380.

(3) Arch. comm. de Perpignan, acte du 3 juil. 1400, AA. 4, fº 215.

(4) Brutails. *Étude sur la condition des populations rurales*, op. cit., p. 249.

la commune au nom de tous les habitants » (1), ils déployèrent une très grande activité à partir de la fin du XIIIᵉ siècle et supplantèrent peu à peu dans leurs attributions réglementaires, vis-à-vis des corps de métiers, les prohoms et les sobreposats.

De 1275 à 1392 les consuls ordonnèrent des mesures générales pour tout ce qui concerne l'administration, la police urbaine et rurale, les finances, etc. ; mais il leur fallait obtenir l'approbation du bailli pour les rendre exécutoires. « Un privilège de 1392 permit aux consuls de faire *seuls*, et sans le concours du bailli, toutes les ordonnances de police qu'ils jugeraient nécessaires (2) ». A partir de cette époque surtout, on peut dire que les Consuls deviennent les véritables législateurs des métiers ; ce rôle ne se dément plus jusqu'à la Révolution (3).

Pendant notre période, nous constatons leur intervention fréquente auprès du bayle pour faire approuver des règlements corporatifs. Leur action se joint à celle des prohoms et des sobreposats, dont ils ne peuvent encore négliger le concours (4). Leurs ordonnances

(1) P. Vidal. *Histoire de Perpignan*, op. cit., p. 81.

(2) P. Vidal. Ibid., p. 88.

(3) Les ordonnances des Consuls forment la base de tous les renseignements généraux que nous avons pu recueillir sur les corps de métiers en Roussillon. Les statuts des métiers ou « ordinacions » sont contenus dans les deux volumes des archives communales de Perpignan, désignés dans la série BB par les numéros 7 et 8. Alart les désigne dans les textes qu'il a publiés, par le titre. Nous y avons largement puisé grâce à l'extrême obligeance de M. l'archiviste départemental, qui, nous aimons à le redire, nous en a facilité la lecture souvent bien épineuse.

(4) Voir arch. comm. de Perpignan. Règlements établis sous le règne de Jacques Iᵉʳ de Majorque (1276-1311), BB. 7, fᵒˢ 1 à 46.

de 1275 à la fin du XIV⁰ siècle, déjà très nombreuses (1), se rapportent à la réglementation de la fabrication des produits ou de la vente.

*
* *

Les statuts corporatifs étaient élaborés, nous venons
de le constater, par les prohoms, les sobreposats et les
consuls, soit indépendamment les uns des autres, soit
en règle générale par ces trois catégoriees « d'autorités
réunies ». Mais ils n'avaient pas, en principe, de force
légale par eux-mêmes. M. Brutails a démontré (2) que
les communautés du Roussillon « restaient soumises à
l'autorité administrative du bayle », délégué du seigneur
ou du roi. Les délibérations des assemblées des communes « même les plus privilégiées », étaient soumises
à son contrôle, et leurs décisions « ne valaient qu'une
fois revêtues de son approbation ». Ce principe général
était appliqué aux corps de métiers dont les statuts ne
devenaient exécutoires qu'avec l'assentiment du bayle (3).

Ainsi donc, en résumé, les métiers, avant 1346, doivent demander la sanction de leurs statuts aux repré-

---

(1) Les principales sont relatives :

aux revendeurs — 1275 — Arch. com. de Perpignan, BB. 7, f⁰ 13, v⁰ ;
aux boulangers — 1275 —   Ibid. BB. 7, f⁰ 1 ;
aux briquetiers — 1285 —   Ibid. BB. 7, f⁰ 1, v⁰ ;
aux orfèvres   — 1286 —   Ibid. BB. 7, f⁰ 32 ;
aux fripiers   — 1309 —   Ibid. BB. 7, f⁰ 22 ;
aux épiciers   — 1323 —   Ibid. BB. 7, f⁰ 19.

(2) Brutails. *Étude sur la condition des populations rurales,*
op. cit., p. 260 à 263, et Gazanyola, op. cit., p. 233.

(3) Arch. comm. de Perpignan, BB. 7, f⁰ 21. « Ordonament de
portadores de lane et de draps crus Adordona *la basle del.
S. Rey ab volentel dels sobre posati* ». Le 6 des ides de novembre 1307.

sentants de l'autorité royale à Perpignan et de l'autorité seigneuriale dans les villages. Le roi n'intervenait que pour accorder des privilèges dont la demande, faite par les corps de métiers, lui était transmise par le bayle (1), ou, quelquefois aussi, par les prohoms (2) et les consuls (3). Le bayle, bien que détenant le pouvoir réglementaire, s'en servit avec une prudence extrême, afin de ne pas entrer en hostilité avec les représentants des corps de métiers à qui le roi prodiguait ses ménagements (4). Les ordonnances du bayle sont, en grand nombre, relatives à la police des marchés, plutôt qu'à l'organisation proprement dite des offices.

*
* *

(1) Archiv. comm. de Perpignan, BB. 7, f⁰ 34 v⁰. « Ffo adordonat per lo seynor rey de Malorcha, ab Conseyl d'En P. Adalbert, batle de Perpenya et de II domesers (semainiers) de la Iglesa de San Joan (la seule existante à cette époque) e ab voluntat de tots los bons menestrals de Perpenya... etc. » 1289.

(2) Arch. comm. de Perpignan, BB. 7, f⁰ 34 v⁰ « fo adordonat per lo dit senyor rey e per los dits prohomes que... »

(3) Ibid. BB. 7, f⁰ 29, le 3 des kalendes de septembre 1305. Deux des Consuls cités appartiennent aux métiers (P. Geli, parayre ; Bn de Vernet peyrer).

Ibid. BB. 7, f⁰ 25, « Ordonement que hoin no gaus vendre singles de camde... »

(4) Le roi s'est appuyé sur les corps de métiers jusqu'au commencement du XIV⁰ siècle afin de mieux résister aux prétentions des seigneurs. Voir Arch. comm. de Perpignan, AA. 1, f⁰ 28. — V. Sanpere y Miquel. *Barcelona*. Op. cit., p. 63. Il cite l'opinion de Bofarull (Historia critica de Cataluny. T. V). « La partie de la population composée de « mercatorum, artificum » avait acquis une grande force sociale en raison de l'appui que le roi trouvait en elle contre la noblesse féodale laïque ou ecclésiastique. »

Voilà quelles autorités établissaient, dans la première période de leur histoire, les statuts des corps d'arts et métiers. A quels objets s'appliquaient ces réglements ?

Telle est la question qui se pose d'elle-même à ce point de notre étude, et que nous devons aborder.

Les auteurs de la législation des métiers paraissent avoir été surtout préoccupés de réglementer la fabrication des produits et leur vente ; les prescriptions relatives aux conditions du travail sont plus rares.

Il ne faut pas oublier, en effet, que le régime dont nous étudions la nature est celui de la « Corporation ouverte (1) », que l'on sait être particulier au midi de la France.

Nous avons vu que le premier métier où des épreuves techniques sont rendues obligatoires, fut en Roussillon, celui des épiciers-droguistes-apothicaires (2). Quant aux autres professions, elles restaient libres, c'est-à-dire que chacun pouvait ouvrir boutique, sans être astreint à l'apprentissage ou à la production d'un chef-d'œuvre. Il suffisait aux ouvriers d'observer les réglements établis, les statuts des métiers existants (3). C'est à partir du XVe siècle seulement que les corporations se transformèrent en compagnies fermées suivant le type classique.

*
* *

(1) Hubert-Valleroux. *Les Corporations d'arts et métiers*, op. cit., p. 73 à 78.

(2) Arch. comm. de Perpignan, BB. 7, f° 133. Ordonnance du 7 mai 1381.

(3) Ce régime de la corporation ouverte est celui que l'on retrouve en Italie et en Provence.

Les prescriptions relatives à la fabrication ont pour but évident d'obtenir des produits de qualité loyale, sincère, et de créer, à la cité laborieuse, une réputation honorable.

En veut-on des exemples ?

En 1284 ou 1285, les consuls de Perpignan firent une ordonnance très longue, dite : *Ordonament dels forns teulers, so es assaber eu qual manera denen coyre e fer los cayros è ls teules* (1), ou « ordonnance sur les fours des « tuiliers » pour savoir de quelle manière ils doivent cuire et faire les briques et les tuiles ».

Une simple analyse de ce document donnera mieux que tous les commentaires l'exacte idée des préoccupations de l'époque.

« D'abord, les consuls ordonnent que tout homme ou toute femme qui travaillera au métier de tuilier « fasse et soit tenue de faire (2) » les briques et les tuiles avec un moule semblable à celui de la « cort » (3).

Puis l'ordonnance rentre dans des détails techniques d'une minutie surprenante.

« Il est défendu d'enlever du moule l'objet à fabriquer avant d'y avoir passé la règle trois fois.

« De même aucun tuilier ne doit placer dans son

---

(1) Arch. comm. de Perpignan, BB. 7, f° 1 v° et 2. Publié par Alart, *Documents sur la langue catalane*, op. cit., p. 70.

(2) « Que dega et sia tengut de fer. »

(3) Les corts catalanes, produit d'une transformation de la Cour du Comte, composée des trois états appelés : bras militaire, bras ecclésiastique et bras royal, étaient un organe de l'administration royale. Voyez sur ce point : Brutails. *Étude sur la condition*, op. cit., p. 280, et Gazanyola, op. cit., p. 335.

four plus de 10 « étages » (1) de briques et 2 étages de briques, ou bien 15 étages de briques.

« Les fours devront être construits en vue de l'exécution de ce règlement : il sera par suite interdit d'y établir une sorte de dôme pour y mettre plus d'objets qu'il n'est prescrit.

« Défense est faite d'enlever les briques ou tuiles avant que le feu ne soit éteint depuis quatre jours et quatre nuits.

« Tout ouvrier tuilier sera tenu de fabriquer ses produits avec de la bonne argile bien préparée et bien cuite (2).

« Les surposés établis par les consuls seront chargés de le vérifier.

« Toute brique non conforme au modèle déposé sera brisée, et celui qui l'aura fabriquée puni d'une amende.

« Les moules seront encadrés de fer pour qu'ils ne se déforment pas.

« L'argile seule devra être employée avec le sable nécessaire pour que la brique puisse se détacher de la terre.

« Personne ne devra travailler à la fabrication des tuiles ou briques de la Toussaint à l'Avent.

« Tout homme ou toute femme qui contreviendra à l'une quelconque de ces prescriptions paiera chaque fois une amende de 10 sous — dont la moitié appar-

---

(1) Le mot du texte catalan est « sostre » et désigne dans la langue moderne un plancher.

(2) « De bon argila e ben sasonhada, e que sia la obra ben coyte. »

tiendra au délateur et l'autre moitié à la cort (1).

« Les prohoms veulent que cette ordonnance dure tant qu'il plaira aux consuls et aux prohoms de Perpignan. »

Il est permis de conclure que le travail et la fabrication aussi strictement réglementés devaient imposer une gêne véritable au développement de l'industrie et à l'initiative des ouvriers. Mais on visait uniquement la bonne fabrication du produit.

La sanction pénale était très rigoureuse ; elle tendait, on peut le dire, à organiser un système de contrôle qui constituait une véritable prime à la délation. Dans les statuts du XVIe et même du XVIIe siècle, la pratique fut constante d'attribuer à celui qui dénoncerait une violation quelconque du règlement, une partie de l'amende payée par le délinquant.

L'ordonnance que nous avons analysée en substance prouve bien que le travail était libre en dehors de la seule obligation d'observer les statuts corporatifs. En même temps nous y voyons que les consuls faisaient quelquefois des règlements exécutoires sans l'approbation du bayle : il n'y eut pas de principe bien rigoureux jusqu'au XIVe siècle.

Si nous examinions, dans le détail, les ordonnances relatives aux fabricants de chandelles (2) établies par le roi, nous y trouverions les mêmes principes que dans celle des tuiliers : la cire sera d'une qualité déterminée, sous peine d'amende et de confiscation. De même pour

(1) « Pagara per cascuna vegada X sol — de la qual pena aja lo denunciador la maytat, et la cort l'altra maytat. »

(2) Arch. comm. de Perpignan, BB. 7, fo 25. Le 5 des ides de février 1296.

la fabrication du pain (1) ou encore pour le travail des
cuirs (2). En un mot, nous pourrions citer les règlements établis pour les teinturiers (3), pour les tailleurs (4), pour la fabrication des ceintures (5), des
écus de bois (6), ou pour tout autre métier, nous cons-
taterions *dans tous les cas*, l'analogie des principes
qui avaient inspiré toute la législation des métiers jusqu'au milieu du XIVᵉ siècle.

*
* *

M. Florent-Serrurier a écrit que jamais les statuts ne
réglaient les conditions dans lesquelles le travail devait

(1) Arch. comm. de Perpignan, BB. 7, fᵒ 1, 8 des ides de décembre 1275. « Primo es aquesta la ordinacio del forn del pa, en
qual maxera deven coyre los pas, e en qual manera deuen usa
dels forns. Bajulus Perpiniani de voluntate et consilio proborum
hominum Perpiniani, statuit quod duo probi homines eligantur,...
et... discernantur de panibus qui fuerint male decocti et sadonati,...
et qui fuerint comissa... in decoquendis panibus et caseatis et pa-
natis et flaonibus et aliis... »
(2) Arch. comm. de Perpignan, BB. 7, fᵒ 21, vᵒ (11 kalendes
juillet 1303).
(3) Arch. com. de Perpignan, BB. 7, fᵒ 23.
(4) Ibid. *Ordonament de las costures dels Sastres*, BB. 7, fᵒ 27
vᵒ et 28.
(5) Ibid. Pièce citée, BB. 7, fᵒ 25.
(6) Ibid. BB. 7, fᵒ 2 vᵒ. « Establiment dels escultz (de fust).
Fuit ordinatum per Petrum Adalberti bajulum Perpiniani, de voluntate et requisicione Raymundi de Santa Cruce et R. Dominici
et Alfonsi pictoris et R. Frenerii et Berengarii Rodrigo et magistri
Guillemi et Jacobi Rodrigo, quod nullus armerius, pictor vel alius
sit ausus facere clipeos de ligno quod vocatur *avet* ne de ligno
quod vocatur *pin*. Et qui contra faceret, solvat pro pena X. sol.
de qua pena habeat nunciator medietatem ; et si non potent vel
solvere noluerit dictam penam, sit privatus officio suo continue
per unum annum. »

s'exécuter (1). Les textes que nous avons découvert nous permettent d'affirmer le contraire.

Par les ordonnances dont nous venons de parler, la loyauté de la fabrication était assurée. Sans fixer exactement la limite de la journée de travail, que l'usage seul avait dû établir, certains règlements prescrivent de cesser le travail pendant des jours déterminés. En général ce sont des jours de fête religieuse, dimanches ou autres. A l'appui de notre dire nous citerons l'ordonnance générale qui s'applique A TOUTES les boutiques de la ville de Perpignan.

En voici le texte dans son intégralité (2) :

« Ordonament de tancar lor obradors dels menestrals en les festes aixi co's segueys.

Ffo adordonat per lo seynor rey de Marlocha, ab conseyl d'En P. Adalbert batle de Perpenya et de II domesers de la glesa de de San Johan, e ab volentat de totz les bons menestrals de Perpenya, que tot hom, sia Cresthia o jeseu, tengua tancatz los obradors de la vila de Perpenya los dimenges e les festes dels Apostols que an dejunis et a las festos de Nostra Dona que hom dejuna, exceptat la festa de Sant Thomas per honrament de la festa de Nadal et exceptat (t) la vespra de Nadal si en dimenge es, et exceptat fires e venimies e maixons, et exceptat hom puga portar blat a vendre a la plassa de Perpenya en tro la festa de Sant P. et San Felice. E nengun sia crestia o jeseu, qui vena en los ditz dimenges ne a les altres festes sobre dites, pac de pena III. s. lo dit venedor, e'l dit venedor

---

(1) Florent-Serrurier, op. cit., déc. 1895, p. 816.

(2) Arch. com. de Perpignan, BB. 7, Fo 34, vo. Date : 1284 ou 1289 (?).

deu estar clavat lo digous ; (1) e'l denunciador aura'n
la tersa part, e la cort les II partz, de la dita pena.

Exceptat que hom puga vendre causes menjadores e
causes necessaries, tortes, candeles de cera, e especiayria
a malaltes et draps de lin a corses (2) e a tot homes
estrangers e a homes de cami que sien d'altres terres.

Item fo adordonat per lo dit senyor rey de Malorcha,
quel mercat d'Iyla e de Cogliure qui's fascien en
dimenge, que fossen mudatz.

Item fo adordonat per lo dit senyor rey e per los
dits prohomes, que tot mercer o sabater e tot peler
qui portassen rauba a vendre en dimenges ni en festa
de dejunis en festa de Nostra Dama, que lo banders de
totz los lochs o casteyls de Rosselyo, tolgen tota la lur
rauba que porten a vendre als dits casteyls lochs de
Rosselyo exceptat la festa major dels detz casteyls
o lochs de Rosselyo. »

Il résulte de la lecture de ce document important que
les seules exceptions à l'interdiction de travailler les
dimanche et fêtes, étaient commandées par la nécessité
(matières alimentaires ou nécessaires à des malades)
ou par des motifs d'humanité (choses nécessaires aux
étrangers de passage).

Une autre ordonnance, dite « ordonament de les
barbes » (3), s'applique aux barbiers-perruquiers. Ce
qui est interdit pour eux, c'est le travail de nuit : « Ffo
adordonat que negu barber no gaus reyre *ab lum* en les
festes d'aval escrites..... »

---

(1) C'était le jeudi, jour de marché à Perpignan.

(2) *Corses* désigne des courriers ou coureurs de passage à
Perpignan.

(3) Arch. comm. de Perpignan, BB. 7, f⁰ 36.

Les jardiniers ne devaient pas cueillir de légumes les jours de fête « en algunes festes » (1). Certains légumes énumérés pouvaient être cueillis cependant les dimanches et autres jours de fête, pourvu que ce fût avant neuf heures du matin. La vente des denrées comestibles était toujours permise à chaque jardinier, mais dans sa demeure « dius son alberch ». Les statuts des métiers avaient donc prévu et fixé une réglemeutation du travail comme de la fabrication.

*
* *

La vente des marchandises avait beaucoup préoccupé les consuls et les chefs de métiers, en même temps que le bayle. Celui-ci a édicté une grande quantité de réglements relatifs à la police des marchés qui constituaient les centres d'approvisionnement. Nous savons que chaque genre de marchandise était vendu dans un lieu déterminé (2) et que la corporation des revendeurs (tenders-regraters) comptait parmi l'une des plus actives de Perpignan.

La concurrence était limitée par des dispositions restrictives. La preuve nous en est fournie par les statuts des courtiers en marchandises (3). L' « ordinacion » de cette corporation extrêmement intéressante nous

(1) Ibid., BB. 7, fo 4. « Fuit ordinatum per..... bajulum... de consensu et voluntate consulum ville Perpiniani et supropositorum ortolanorum... quod in dictis festivitatibus, possint vendi... ortalicia predicta, non tamen colligi..... Excepto quod in dictis festivitatibus post comestionem possint colligi et vendi raves, laytug[u]es e porrat, e sebes, e alys tenres ».

(2) P. Vidal. *Histoire de Perpignan*, op. cit., p. 56 et suiv. Il y avait un marché pour les Juifs. (Arch. com. Perpignan. BB. 7, fo 7 vo).

(3) Arch. comm. de Perpignan, BB. 7, fo 56 vo à 59 vo (1295).

permet en outre d'affirmer que le mouvement des transactions commerciales était déjà très accentué à la fin du XIIIe siècle.

Les courtiers devaient jurer de dire loyalement la vérité : « que diguen lialment veritat ». Pour éviter l'accaparement des marchandises, qui aurait engendré la cherté, ils ne devaient retenir aucune marchandise pour leur propre compte, ni servir de courtiers à leurs hôtes, « ni deuen essers corraters de lurs hostes ».

Tout mensonge était puni d'une amende de 50 sous (1) ou de l'interdiction d'exercer le métier pendant un an.

Il était interdit, en outre, aux courtiers, de venir sur le marché à l'endroit où un autre courtier parle, « deuen jurar que la un correter no venga sobre mercat que altre corrater parle », ni de dire du mal d'une marchandise dont un autre courtier faisait le placement.

Une disposition particulière des statuts que nous analysons, montre l'acheminement de l'office des courtiers vers le monopole. Tout membre qui cessera d'appartenir à l'*office* pour une raison quelconque, n'aura plus le droit d'exercer *le métier* (2). C'est une exception, un cas isolé, dû peut-être aux sacrifices que les courtiers s'imposaient. Ils payaient, en effet, à l'office, un droit de « corrateria » très élevé (3).

---

(1) « Le sou réel, le sou courant est celui de Maguelone et valait un peu plus d'un franc ; le denier égalait 10 centimes. D'après M. Vidal (op. cit.; p. 59) il est très difficile d'établir la valeur relative des monnaies et de connaître le prix des choses ».

(2) Arch. comm. de Perpignan, pièce citée « no gaus corretejor d'aqui avant ».

(3) Voir, sur *la réglementation du travail et de la vente*, le chapitre très instructif de M. Ét. Martin Saint-Léon, op. cit., p. 116 et suiv.

En résumé, les malfaçons, les fraudes et toutes contraventions aux dispositions des statuts des métiers,
étaient surveillées étroitement et punies. L'autorité
chargée d'exercer la police du métier était le sobreposat
ou les prohoms. L'interdiction de travailler pendant
certains jours et la limitation de la concurrence avaient
pour objet d'assurer la production sincère et d'établir
une harmonie entre les intérêts.

Le régime des corps d'arts et métiers, dont nous
venons de décrire l'organisation intérieure en ce qu'elle
a d'essentiel, nous apparaît maintenant sous son aspect
véritable. Un mot suffit à le résumer : il n'y a pas
à Perpignan, au XIVe siècle, de métiers fermés. La
corporation, avec réception obligatoire dans le métier et monopole exclusif des ouvriers reçus, n'existe
pas.

Le travail est libre sous la seule condition d'observer
les règles de police des métiers existants.

Les offices se gouvernent et s'administrent eux-mêmes par des statuts faits par eux ou par leurs représentants. Tous les membres concourrent à la direction
par le renouvellement annuel, par l'élection directe des
chefs de métier. Les assemblées des membres de l'office
exercent un véritable contrôle sur la conduite des directeurs. C'est le régime démocratique des métiers dans la
liberté.

Il nous reste, pour compléter la première partie de
cette étude, à montrer les rapports des corps de métiers
avec l'organisation communale, c'est-à-dire à dégager
les traits principaux de leur vie extérieure ; nous analyserons ensuite les causes de leurs transformations de
1346 à 1449.

CHAPITRE III

PÉRIODE DE L'AUTONOMIE CORPORATIVE (XII° AU XV° SIÈCLE)

LES CORPS D'ARTS ET MÉTIERS CONSIDÉRÉS AU POINT DE VUE DE LEUR VIE EXTÉRIEURE.

§ I. — La Commune et la Corporation.

« On se rend difficilement compte de l'intensité qu'avait jadis la vie communale. Isolés comme ils l'étaient du reste du monde, aucune influence étrangère ne détournait l'attention des habitants du village des mêmes événements qui se déroulaient sous leurs yeux. Ils étaient d'ailleurs unis par la nécessité de s'entr'aider pour défendre leurs droits, pour mener à bien les travaux qui les intéressaient tous, de s'entendre pour la jouissance des propriétés restées indivises, et cette nécessité, d'où sortit la communauté d'habitants, lui assura, durant tout le Moyen-Age, une place importante dans les préoccupations de nos pères (1). »

En l'absence de toute organisation de la puissance publique et à cause de son inertie, le groupement des habitants au Moyen-Age se fit sur la défense des inté-

---

(1) Brutails. *Étude sur les conditions des populations rurales*, op. cit., p. 216.

rêts communs. La corporation, par sa nature, se trouva intimement liée à l'organisation et à l'affranchissement de la commune ; elle eut des fonctions judiciaires, financières, militaires, politiques, et forma comme un petit état muni d'un gouvernement propre, capable d'en accomplir les fonctions primordiales de l'État (1). Elle assura la défense et la sécurité des personnes et des biens, devint la base même de la commune (2). Les inrêts corporatifs coïncidèrent avec ceux de la cité (3), si bien que l' « on peut regarder les corporations ou confréries comme la source d'où devaient plus tard sortir les communes et la bourgeoisie (4) ».

M. Deschanel, dans son livre très remarquable sur « le Peuple et la Bourgeoisie », exprime encore la même idée. « Les bourgs, enceintes plus ou moins fortifiées, furent le berceau de l'industrie et du commerce : car le travail sous toutes ses formes, mais l'industrie et le commerce principalement, ont besoin de sécurité. Le XIe et le XIIe siècle paraissent être l'époque où les artisans des bourgs eurent l'idée de s'unir et formèrent

(1) Et. Martin-Saint-Léon. *Histoire des Corporations de métiers*, op. cit., p. 61. « Au midi comme au Nord, le réveil des idées corporatives se manifeste au XIe siècle comme une conséquence de la Révolution communale ».

(2) Ibid., p. 56. « L'affranchissement politique devait avoir pour conséquence, l'établissement ou plutôt le rétablissement d'une organisation municipale, et une des bases mêmes de cette organisation devait être la corporation ».

(3) Cauwès. *Cours d'Économie politique*, op. cit., I, p. 109. « Ce n'est qu'après l'émancipation communale que ces institutions prennent une place importante dans notre histoire et dans celle de l'Europe du Moyen-Age ».

(4) Lacépède. *Histoire de l'Empire*. Cf. Ouin-Lacroix. Introduction.

leurs premières associations en corps de métiers. Il y a apparence que la *commune urbaine, en beaucoup d'endroits, eut pour noyau l'association des différents corps de métiers* (1) ».

Cette idée générale trouve sa parfaite démonstration dans l'histoire politique des corps de métiers du Roussillon. Cette explication de l'organisation communale de Perpignan a été donnée par M. Florent-Serrurier avec une grande vigueur. Il a montré qu'en Roussillon, comme ailleurs, selon le mot de M. Hubert-Valleroux, tout est groupe et association au Moyen-Age ; les individus ne sont rien, les compagnies sont tout. M. Florent-Serrurier a principalement éclairci ce qu'il appelle les rapports du travail avec l'organisation politique : il a prouvé que les corps de métiers étaient à l'origine identifiés avec la Commune (2). Nous nous inspirerons de cette étude importante, nous réservant de la compléter sur certains points dont le relief n'est pas assez vif et de la prolonger au-delà du XVe siècle jusqu'à la Révolution.

Pour M. Florent-Serrurier, le principe dominant de

(1) Deschanel. *Le peuple et la bourgeoisie*, op. cit., p. 75. Voyez sur la même question : Hubert-Valleroux. *Les Corporations*, op. cit., p. 4 à 11. — Esmein, *Histoire du droit français*, op. cit., p. 295 à 298. — *Édit de Turgot*, février 1776, arch. départ. c. 1053. — « En France, l'organisation municipale révèle très souvent la part considérable qu'ont eu les corporations dans la conquête des franchises, en ce que les officiers municipaux sont nommés par ces corporations qui constituent ainsi le collège électoral, (p. 302, Esmein). »

(2) Ce point, absolument certain aujourd'hui pour Perpignan comme pour d'autres villes du midi de la France, a été à peine effleuré par Jaubert-Campagne dans son court exposé sur *les Institutions municipales de Perpignan*. Alzine, 1833, in-8.

l'histoire des métiers primitifs, c'est que la corporation, « née sous l'empire du besoin, sans l'intervention factice de l'État, aurait eu ainsi un rôle politique étroitement lié à son rôle économique (1) ».

§ II. — Acquisition des droits politiques.

Les gens de Perpignan établis en communauté (2) se préoccupèrent d'abord d'acquérir les droits politiques nécessaires pour assurer leur sécurité. Déjà, en 1170 (3) et 1173 (4), afin de protéger leur agriculture et leur industrie naissante, ils avaient « acheté » au souverain « des privilèges assez analogues aux capitulations dont jouissent les chrétiens du Levant ».

Tout autre habitant du Comté coupable à l'égard des gens de Perpignan, était soumis par eux à une justice sommaire : « Ut habeant liceneiam impignorandi et distringendi eum in suo corpore et in suo honore et in sua pecunia, et ut manulevatores distringant in suo

---

(1) Florent-Serrurier, op. cit., déc. 1895, p. 795.

(2) Brutails. *Étude sur la condition des populations rurales,* op. cit., ch. XV, p. 242 à 264. La communauté formée par le lien des intérêts communs, de la religion et de la parenté, « était une réunion de familles dont les maîtres seuls prenaient part aux délibérations (p. 244) ». — Sur ce point : Alart. *Privilèges,* op. cit., p. 11 et 12.

(3) Privilège du 15 mai 1170 accordé par le comte Guirard, publié par Alart, *Privilèges et Titres,* p. 47, et par Massot-Reynier, *Les Coutumes,* p. 40.

(4) Le privilège du 12 mai 1173 a été publié par Alart, *Privilèges et Titres,* p. 55, et par Massot-Reynier. — *Les Coutumes,* p. 43. — Arch. comm. de Perpignan, AA. 3, fos 8 et 19.

avere et in suo honore et bestias suas accipiant per re-
gna et de omnibus debitis que illis debentur (1). »

Les offices du roi à Perpignan devaient prêter main-
forte aux gens de la ville et poursuivre le délinquant
« si impignorare non potuerint, bajulus meus cum hominibus meis, eat illuc ubi manebit debitor vel fidejus-
sor et distringat eum donec totum habeat persolu-
túm (2) ».

Ces privilèges furent complétés en 1197 par ce que
l'on a appelé la Charte communale de Perpignan, véritable contrat, dit Jaubert-Campagne, entre le peuple
et le souverain (3) établissant cinq consuls « avec obligation de veiller, aux termes mêmes du texte, à la
conservation *de tout le peuple*, soit petit, soit grand,
de ses biens meubles et immeubles, et *des droits du
roi* ; de maintenir et de régir le dit peuple, pour procurer, en toute chose, son avantage et sa sûreté et la
fidélité due au roi (4) ».

---

(1) Privilège 1170, pièce citée.

(2) Privilège 1173, pièce citée.

(3) Charte de Pierre II, du 23 février 1197. V. Arch. comm. de
Perpignan, AA. 3, fo 12. Publié par Alart, *Privilèges*, p. 81, — par
Henry, op. cit., I. p. 517, — par Jaubert-Campagne, op. cit., p. 13.
— Voir ce texte à l'appendice.

(4) Les communes du Roussillon et de la Catalogne ne s'établirent pas par l'*association fondée sur le serment*, comme celles
de diverses parties de la France. Leurs chartes sont simplement
des privilèges particuliers ou concessions, consentis par les seigneurs ou par les rois d'Aragon. V. Alart, *Privilèges*, op. cit.,
p. 21 et suiv.

« Quiconque essaye de reconstituer la naissance d'une Commune
est porté à se représenter les habitants soulevés contre le seigneur,
chassant ses officiers, brûlant son manoir pour édifier sur les rui-

Le régime communal des villes du Roussillon s'établit pacifiquement « sans secousse, en dehors de ces mouvements insurrectionnels que l'histoire a eu à enregistrer en d'autres contrées » (1).

Toutes les tâches collectives échurent ainsi aux habitants : recouvrement des impôts, administration municipale, basse justice et défense armée (2). En un mot, la communauté avait acquis des droits politiques. Leur répartition se fit sur la base de la profession, et « *le métier régla le rôle* de chacun dans l'administration commune de Perpignan » (3).

---

nes du donjon leur beffroi, et leur administration sur les débris de son autorité. Cette conception, vraie peut-être pour les communes du Nord, est fausse pour les municipalités roussillonnaises ». Brutails. *Étude sur la condition des populations rurales*, op. cit., p. 260.

(1) Brutails, op. cit., p. 260.

(2) C'est ce que l'on appelle le privilège de *ma armada*. La cause d'un habitant lésé par un étranger devenait celle de la communauté tout entière. Réparation était demandée aux concitoyens de l'offenseur et en cas de refus les hostilités commençaient entre les deux communes. Tous les habitants devaient prendre part à la « ma armada » sous peine de 10 sous barcelonais (V. Alart. *Privilèges et Titres*, op. cit., p. 84 et 85, et Brutails, op. cit., p. 282 à 285).

(3) Florent-Serrurier, op. cit., déc. 1895, p. 799.

« Il paraît que lorsque les villes commencèrent à s'affranchir de la servitude féodale, et à se former en communes, la facilité de classer les citoyens par le moyen de leur profession introduisit cet usage (de se réunir en corps) inconnu jusqu'alors. *Les différentes professions devinrent ainsi comme autant de communautés particulières dont la communauté générale était composée.* » Arch. départ. C. 1053. Édit. de Turgot (février 1776).

§ III. — Les divisions sociales, conséquences de la situation économique.

M. Florent-Serrurier admet ce principe qu'au Moyen-Age, les divisions sociales apparaissent toujours comme une conséquence de la situation économique. Il en donne deux ordres de preuves, les unes, générales, déduites des *Usages de Barcelone* et des *Constitutions de Catalogne ;* les autres, plus directes, tirées de l'examen des groupes communaux et de leurs fonctions dans la commune (1).

(1) « Le Moyen-Age repose tout entier sur l'idée qui veut que la façon de vivre, l'état, pour lequel Notre-Seigneur donne à chacun des grâces spéciales, détermine la qualité de tous les hommes, c'est-à-dire leur place dans la Société. C'est l'état militaire — la connaissance des armes, l'avantage de posséder un cheval de guerre et de manger une nourriture forte et substantielle — qui fait le noble ou le chevalier. « Celui-là est noble, disent les *Usages de Barcelone* et ses commentateurs, qui monte à cheval et mange du pain blanc. » C'est l'état ecclésiastique, caractérisé par le pouvoir d'administrer les sacrements, qui met le clerc, quelque humble que soit son extraction, au-dessus des barons et des rois. Parmi « ceux qui n'ont aucune dignité » comme disent les *Constitutions de Catalogne,* qui vivent de leur travail, il y a aussi des états différents, gradués selon la part de l'intelligence dans les œuvres, depuis les gens d'état moyen ou médiocre, comme les marchands, apothicaires ou boutiquiers, jusqu'aux gens d'état tout petit ou mécanique, entièrement adonnés aux besognes serviles. Et c'est l'excellence de leur état, qui arrachait à leur condition originelle, artistes et poètes, les juristes et les docteurs, et leur conférait à Lérida, à Toulouse, à Perpignan, dans les Universités médiévales, une noblesse personnelle, une chevalerie littéraire. « Vous avez le droit de vous asseoir parmi les nobles », lit-on dans le statut de l'Université de Perpignan relatif aux docteurs. » Flo-

Comme la paroisse (1), la commune était organisée sur le principe des professions.

*
* *

Les divisions primitives des habitants de Perpignan présentent beaucoup d'obscurités. Au début du XIIIe siècle, les textes (2) opposent les grands aux petits, les *majores* aux *minores*, et nous ne pouvons savoir en quoi consistaient ces distinctions.

La première division certaine se trouve dans un document royal de 1262 (3). Les habitants y composent trois classes ou catégories : *majores, mediocres, minores*. Mais il faut attendre jusqu'au règlement municipal de 1346 (4) pour en comprendre la nature. La population de Perpignan est alors répartie en *trois*

rent-Serrurier, op. cit., p. 799. *Sur les Principes généraux du système féodal.* V. Esmein, op. cit., p. 180 à 190 ; et Brutails, op. cit., p. 243 et 301, en ce qui concerne le Roussillon.

(1) Florent-Serrurier, op. cit., déc. 1893, p. 800 : « La parrochia de St-Janne... es poblada de tres condicions de persones, ço es tixidors, ortolans e altres apelats comuns. » Arch. comm. de Perpignan, BB. 7, f⁰ 259.

(2) Lettre de Pierre II, du 28 fév. 1897 : *populus tam parvus quam magnus*, AA. 3, f⁰ 12. Lettre de Pierre II, du 19 sept. 1207 : *autoritzo vobis, omnibus hominibus, tam majoribus quam minoribus, habitantibus et habitaturis in Perpiniano*, publiés par Alart, *Privilèges et Titres*, p. 92.

(3) Lettre du 23 juin 1262, adressée aux habitants de Perpignan par Jacques le Conquérant, AA. 3, f⁰ 26. V. ce texte a l'Appendice.

(4) Règlement municipal de Pierre IV d'Aragon (16 nov. 1346), Arch. comm. de Perpignan, AA. 2, f⁰ 196 v⁰. V. P. Vidal. op. cit., p. 80. — E. Delamont. *Histoire de la ville de Prades*, Perpignan, 1877, p. 18 et suiv. La division en mains s'appliquait à Prades et à d'autres villes de la province du Roussillon. V. ce texte capital à l'Appendice.

màins : majeure, moyenne et mineure, et, dans chacune d'elles, une place est assignée aux diverses corporations en tant que groupes.

Dans la main majeure sont placés les bourgeois et les marchands : « vitam honorabilem juxta vulgui opinionem facientes » ; dans la main moyenne, les fabricants de draps, les écrivains ou notaires et tous ceux qui exercent un art honorable : « et alii, artem satis honorabilem exercentes ». La main mineure comprenait les cordonniers, les jardiniers et tous ceux qui exerçaient des métiers semblables : « et artes seu officia similia exercentes ».

§ IV.— La profession est la base de l'organisation de la Commune.

Comme on le voit, « la profession était l'unique facteur de la condition sociale. Par une conséquence naturelle, elle devint la base de l'organisation de la commune. Elle fut le principe appliqué pour la nomination des chefs de la ville, l'instrument employé pour la répartition des charges pesant sur les habitants (1) ».

Les trois pouvoirs de la ville, le consulat créé par la charte de 1197, le conseil de douzaine (2) et les assemblées générales de notables ou prohoms qui devaient avoir existé dès l'origine, « *formaient une délégation*

---

(1) Florent-Serrurier, op. cit., déc. 1895, p. 803.

(2) Arch. comm. de Perpignan, AA. 3, f⁰ 23. Publié par Alart, *Privilèges et Titres*, p. 320. « Concedimus etiam vobis quod consules Perpiniani possint eligerere et habere XII consiliarios, cum consilio baïuli Perpiniani et dum placuerit vobis. »

des différentes corporations ». Une preuve indéniable ressort clairement des dissensions qui éclatèrent en 1346. Les chefs de métiers ayant prétendu au droit exclusif d'élire les consuls, d'après la lettre même de la charte de Pierre II, les juges royaux ne contestèrent aux chefs de métiers « ni le droit d'être électeurs consulaires, ni, celui de représenter le peuple (1) ».

De même le réglement de 1346 spécifie que le conseil, de douzaine sera composé de 4 membres de chaque main, de sorte que les métiers inférieurs fussent représentés (2).

Les assemblées de prohoms présentent, en 1375, les mêmes caractères qu'en 1250 : les corporations de la ville y sont comprises en tant que corps. Cette conclusion s'impose donc : le pouvoir politique était entre les mains des métiers. C'est ce que reconnaît, d'une manière expresse, ce passage du réglement de 1346. « In arduis tamen negociis, et multum ipsam universitatem tangentibus, procedant habito prius consilio cum Capitibus Ministerium, prout et quatenus est retroactis temporibus fieri assuetum (3). » Dans toutes les circonstances

---

(1) Arch. comm. de Perpignan, AA. 3, f° 196, v°. « Similiter intellexerunt dictum regium privilegium (charte 1197) per quod data fuit potestas populo et universitati dicte ville consules eligendi, non esse ex predictis omnino correctum, seu duntaxat declaratum ; nam satis predictam electionem facere videbitur populus ipse seu universitas et quo ipsam faciant universitatem representare videntur. » Alart, *Privilèges*, op. cit., p. 252 et 253, démontre que les Assemblées de prohoms représentaient la population tout entière « sauf les nobles et le clergé, étrangers à l'administration municipale ». (A propos de l'assemblée de prohoms tenue en 1230.)

(2) Ibid. « Ut sic omnes artes seu officia exercentes, possint, suis temporibus, habita ratione ad paucitatem vel pluralitatem personarum cujuslibet artis seu officii in dicto consilio collocari. »

(3) Ibid. AA. 2, f° 196 v°.

constances difficiles et depuis les temps reculés, les consuls prenaient l'avis des chefs de métiers.

*
* *

La répartition des charges publiques (1): impôts, système judiciaire, force armée, était faite sur la base des corps de métiers, de même que la répartition des pouvoirs politiques de la cité.

Impôts. — Le 23 mai 1262, le roi Jacques d'Aragon voulut établir la répartition équitable des impôts en faisant nommer une commission dans laquelle seraient représentées toutes les catégories des imposés (2). Sept *prohomens* élus par le peuple tout entier et pris, au nombre de trois, parmi les grands ou majeurs, au nombre de deux pour les moyens et deux pour les petits, choisissaient à leur tour les sept personnes les plus aptes, suivant leur croyance, aux fonctions de répartiteurs.

L'ordonnance de Jacques d'Aragon venait d'établir un principe dont l'application a été constante pendant des siècles. En dehors de l'impôt ordinaire de consommation ou de péage, le répartement des taxes était fait entre chaque main, puis par les corps de métiers. Au XVIIIe siècle, nous retrouvons cette pratique. En 1274, Jacques d'Aragon déclarait et ordonnait par son privilège, que *tous les habitants* de Perpignan, même les nobles, étaient tenus de payer l'impôt (3). Ceux qui se seraient sous-

(1) V. 1re partie.

(2) Alart. *Privilèges et Titres*, op. cit., p. 241, et AA. 1, fo 47. « Les majeurs, moyens et petits ne désignent que la fortune plus ou moins grande des habitants » et non des classes.

(3) Alart. *Privilèges et Titres*, op. cit., p. 335.

traits à cette obligation devaient être exclus de la Communauté et celle-ci ne serait plus tenue de les défendre comme « habitants de Perpignan ».

La prescription imposant aux nobles de payer l'impôt fut renouvelée en 1371 (1). Donc, il est acquis que les groupes de métiers intervenaient dans la répartition de l'impôt, si bien qu'en 1342, le roi dut promettre de ne jamais lever de contributions à Perpignan sans le consentement préalable des consuls, conseillers et chefs de métiers (2).

Attributions judiciaires. — Les sobreposats et les prohoms, nous l'avons déjà indiqué, étaient les juges naturels de tous les conflits qui s'élevaient, soit à propos de la fabrication ou de la vente des marchandises, soit à propos des violations des statuts. Deux véritables juridictions de métiers s'étaient cependant constituées : celle des sobreposats de l'Horta et le consulat de mer.

La plus ancienne et non la moins importante est celle des *Sobreposats de l'Horta* qui se maintint jusqu'en 1783. Le grand nombre de terres à jardins dans la plaine de Perpignan, les complications résultant du droit de vaine pâture et les dommages causés aux propriétés par les bestiaux (3) étaient des sources de continuels

(1) Arch. comm. de Perpignan, AA. 6, fo 76 (31 mars 1371.)

(2) Ibid., AA., fo 175 (17 décembre 1342.)

La lettre de Bernard de Villacorba, gouverneur (27 août 1409) — Arch. comm. de Perpignan, AA. 4, fo 382 — nous apprend que, de longue date, les corps de métiers vérifiaient la gestion financière de la ville, et par conséquent la destination et l'emploi des sommes provenant des impositions.

(3) Arch. comm. de Perpignan, AA. 1, fo 272 vo, mandement de

procès. Il fallut instituer en matière de police rurale
une juridiction spéciale qui devint indépendante de celle
du seigneur : « Or la justice ordinaire était tellement
onéreuse, que les populations durent songer à régler
avec moins de frais les difficultés de ce genre. On peut
supposer qu'elles recoururent d'abord à des arbitres et
qu'elles finirent par constituer, en une juridiction régulière et permanente, le pouvoir exceptionnel de ces arbitres (1). » Voilà l'origine du tribunal de l'Horta, dont
l'histoire serait des plus intéressantes à écrire.

Ces estimateurs ou juges des délits ruraux existaient
dans toutes les communes du Roussillon (2).

Leur compétence s'étendait à tous les délits ruraux
et aux contestations qui s'élevaient sur les baux : ils
servaient d'arbitres après les expertises et réglaient les
contestations entre fermiers et propriétaires (3).

Les archives communales de Perpignan attestent, par
le grand nombre de documents qui leur sont consacrés,
le rôle particulièrement actif des sobreposats de l'Horta.

Par lettres-patentes du 10 novembre 1348, le roi

Pierre IV d'Aragon, prescrivant de laisser introduire le bétail ve-
nant de France en faisant payer le dommage causé sur son passage
d'après estimation des sobreposats de l'Horta de Perpignan.

(1) Brutails. *Études sur la condition des populations rurales,*
op. cit., p. 262. — Sur les origines des sobreposats de l'Horta,
V. note nº 1, fº 21. — Alart, *Documents,* op. cit., p. 104, et Arch.
comm. de Perpignan, AA. 3, fº 212 vº.

(2) Alart. *Privilèges et titres,* op. cit., p. 227.

(3) Brutails. *Notes sur l'économie rurale du Roussillon,* Perpignan, Latrobe, 1889, in-8, p. 135. Arch. comm. de Perpignan, AA.
3, fº 354. La compétence s'étend aux dommages ruraux « tala » et
aussi à « tots altres contrats e questions, co es de termens, de
carreres, de senders, de marges, de agulles, de regatius, d'aygues,
etc. »

Pierre IV d'Aragon ordonnait au gouverneur de Roussillon et de Cerdagne, Guillaume de Bellaria, de maintenir l'usage de faire expertiser et juger par les sobreposats de l'Horta les dégâts commis aux propriétés des
Perpignannais, sises hors la ville, sur des terres tenues
en justice (1). Les sobreposats avaient le droit de re-
quérir du bayle, des *saigs* ou huissiers pour les aider
dans leurs fonctions. Leurs jugements allaient en appel
devant le bayle de Perpignan, puis devant le juge des
appellations (2); celui-ci ne devait pas entraver leur juridiction : il lui était interdit, en particulier, de rendre
des arrêts inhibitoires au sujet des poursuites exercées
sur les terres des seigneurs justiciers (3). Le roi avait
fait défense expresse à ses officiers de fournir un
appui aux habitants contre les sobreposats des jardiniers (4).

Ces juges devaient rendre la justice sur les places
publiques et en particulier sur les lieux de marché, où
les paysans des environs venaient plus fréquemment.
En effet, le 18 mars 1363, il leur est permis par le roi
de faire établir une table et des sièges pour rendre leurs
arrêts sur la place au blé de Perpignan, *attendu qu'ils
n'ont pas de lieu de résidence fixe* (5). En 1448, par

(1) Arch. comm. de Perpignan, AA. 1, fº 53 vº. — V. Expertise
faite à Perestostes, AA. 3, fº 170.

(2) Arch. comm. de Perpignan, lettres-patentes du 5 fév. 1357,
AA. 1, fº 54.

(3) Ibid., AA. 1, fº 57, lettres-patentes du 20 avril 1357, et AA. 3,
fº 221 vº (9 juin 1358).

(4) Ibid., AA. 3, fº 245 vº (31 mars 1368).

(5) Arch. com. de Perpignan. AA. 1, fº 130 vº (18 mars 1363) :
« aliquod scamnum vel tabulam sive scabellum, quia non habeant
certum locum sive certam sedem ubi resideant », et AA. 3, fº 241.

mandement d'Alphonse V, leurs sentences furent rendues sans appel au-dessous de dix sous (1).

Les sobreposats de l'Horta étaient d'abord élus par les consuls au nombre de deux ; l'office des jardiniers nommait les deux autres ; tous étaient renouvelables annuellement.

Tels sont les caractères généraux de cette juridiction particulière dont les attributions se sont conservées jusqu'en 1789.

*
* *

Le 22 décembre 1388 (2), Jean 1er, roi d'Aragon, créait, à la requête des consuls et des habitants de la ville de Perpignan, un tribunal dit *Consulat de mer*. Le prince donnait aux consuls et aux habitants le pouvoir d'élire chaque année deux consuls de mer, un assesseur et un juge des appellations à l'instar du consulat de mer de Barcelone.

Par de nouvelles lettres-patentes du 13 avril 1389, le prince délimitait la compétence du tribunal créé, en soumettant à sa juridiction toutes les affaires du commerce et celles du négoce par mer. Le gouverneur et le bayle de Perpignan ne devaient plus en connaître.

Enfin, en 1394 (20 novembre), le roi Jean d'Aragon accorda aux consuls de mer la faculté de s'assembler dans la ville et à l'endroit qui leur serait plus commode pour traiter les affaires de commerce. Ces magistrats consulaires auraient désormais le pouvoir d'élire un *Conseil des marchands* dont le nombre ne pourrait

(1) Ibid., AA. 4, fo 428 (10 juillet 1427).
(2) Ibid., AA. 3, fo 308.

être supérieur à quinze. Ils auraient aussi le pouvoir d'imposer et de lever un droit appelé *vectigal* sur toutes les marchandises et denrées qui entreraient dans la province ou en sortiraient, dont le produit devait être employé pour les besoins du commerce.

Ce tribunal, créé en faveur du Corps des marchands, dont nous venons d'esquisser la physionomie à grands traits, ne reçut pas de modifications jusqu'en 1718. Nous verrons plus loin en quoi elles consistèrent.

Force armée. — C'est dans l'organisation de la force armée que le groupe professionnel apparaissait surtout comme la base de l'organisation municipale. Les sobreposats des métiers de la ville participaient au service « d'host » dû au roi (1); et lorsqu'il s'agissait d'user du privilège de *ma armada*, les enseignes de chaque office précédaient les divers groupes, et l'enseigne de la ville était placée à la tête, « pusque la senyera comuna de la dita vila sia e vaga primera » (2).

Cette utilisation des métiers pour le service militaire survécut à leur ruine, et nous la retrouvons encore au XVIII° siècle.

Après l'examen de l'influence des corps de métiers dans la répartition des charges publiques, nous avons

(1) Arch. comm. de Perpignan, BB. 7, f° 80 v°.

(2) Ibid., BB. 7, f° 114 v°. Le réglement de 1346 fixe l'ordre dans lequel devaient marcher les bannières des corps de métiers : pareurs, tailleurs, pelletiers, tisserands, menuisiers, marchands, cordonniers, épiciers, merciers, chamoiseurs, corroyeurs, hôteliers, bouchers, jardiniers. — Voir Henry : Constitution militaire de Perpignan, dans le *Bulletin de la Société philomatique.* Perpignan, Alzine, 1839, in-8, p. 231.

le droit de dire que l'administration de la cité était re-
mise, en réalité, aux syndicats fédérés des gens de métier.

*
* *

La structure intérieure des métiers primitifs subis-
sant, comme toute institution sociale, la pression des
événements extérieurs et aussi la loi d'évolution de sa
constitution organique, allait désormais présenter des
transformations continues. Les formes politiques du
gouvernement et de l'administration de la cité avaient
déjà beaucoup varié depuis la Charte communale de 1197.
La royauté elle-même, solidement établie, ayant ruiné
le prestige et la force des seigneurs, devait changer
d'attitude et essayer, vis-à-vis des métiers, le système
de concentration des pouvoirs opéré déjà avec succès
dans le reste de la Catalogne.

La corporation, par suite de la formation de certaines fortunes commerciales ou industrielles, ne compte-
rait plus désormais le même « personnel social » et ne
jouirait plus des mêmes libertés.

C'est une ère de transition qui va s'ouvrir, de 1346
à 1449, avant la formation du nouveau régime des métiers.

CHAPITRE IV

TRANSFORMATION DU RÉGIME CORPORATIF. — SES CAUSES. —
SA NATURE.

Dès la première moitié du XIV⁰ siècle, le régime des corps d'arts et métiers en Roussillon se modifie.

De nouveaux groupes se constituent : les uns, dirigeants, sur le type des *corps constitués;* les autres, dirigés, tendent à se rapprocher de la *corporation fermée à monopole.*

Les causes d'une transformation si profonde sont à la fois morales et sociales, politiques et économiques ; nous les analyserons successivement.

Le résultat fut le suivant :

La ville de Perpignan vit diminuer peu à peu le caractère démocratique de ses institutions municipales, et les métiers perdirent, avec le pouvoir politique, leurs attributions essentielles dans l'administration de la commune.

§ I. — Causes morales et sociales.

« En Catalogne, parmi les populations très vindicatives, les questions de personnes ont toujours exercé

une action considérable (1). » Au XIV⁰ siècle, il se forma à Perpignan deux partis rivaux recrutés dans toutes
les classes de la société. Le but de chacune de ses cote-
ries fut de nuire systématiquement à l'autre et de s'emparer contre elle du pouvoir municipal. Les procédés
employés pour y parvenir ne laissent aucune illusion
sur la violence de la lutte (2). « Les offices se discrédi-
tèrent et préparèrent la ruine de leurs pouvoirs en pre-
nant position dans ces conflits au gré des passions de
leurs chefs (3). »

§ II. — Causes économiques.

L'histoire des corps d'arts et métiers pendant sa première période, ne nous a révélé aucun motif d'anta-
gonisme permanent, économique ou politique entre les
diverses catégories d'habitants. L'analogie des conditions et des intérêts avait établi entre elles une solidarité
puissante ; l'égalité de droit (4) était la simple consé-
cration d'une quasi-égalité de fait, et la commune cor-
respondait vraiment à ce que les textes désignent par
le mot d'*Universitas* (5).

La lutte des corps de métiers avait été dirigée toute

(1) Florent-Serrurier, op. cit., janvier 1896, p. 37.
(2) Arch. comm. de Perpignan, AA. 4, f⁰ 453, v⁰.
(3) Ibid., AA. 4, f⁰ 396 v⁰, et f⁰ 402 v⁰. « Alguns caps de mesters,
sots color de lurs privilegis, se volen efforçar de interrompre et
desviar la dita concordia. »
(4) Alart. *Privilèges et Titres*, op. cit., p. 241. Tous les membres de la communauté étaient absolument égaux en droit.
(5) La désignation de la commune par le mot de « Universitas »
se retrouve dans presque tous les documents. Ce mot indiquait

entière contre les privilèges seigneuriaux et ecclésiastiques.

Pour se défendre, la cité avait acquis les droits de
ma armada, de juridiction de l'*horta*. Les propriétaires, marchands et producteurs de toute sorte s'é-
taient affranchis des prélèvements du clergé et des sei-
seigneurs en se débarrassant des divers droits de
péage (1) et des leudes de Canet, Vernet et Saint-
Félieu (2), par leur rachat ou leur abolition. Ils ne
payaient plus de dîme au clergé, si bien que la commune de Perpignan, au XVᵉ siècle, « n'avait aucune
franchise à obtenir ». Le clergé était sans influence
politique ou sociale, et les seigneurs haut-justiciers
semblaient sans force vis-à-vis de Perpignan.

A l'abri de tous ces privilèges, la prospérité de Perpignan s'était rapidement accrue. En 1324, cette cité était
considérée comme la deuxième de toute la Catalogne,
immédiatement après Barcelone (3). Des richesses s'é-
taient créées ; certaines catégories d'artisans, comme les
tisserands, les pareurs, les teinturiers, avaient obtenu
une brillante situation de fortune. Le commerce d'exportation, très développé (4), avait donné naissance au
corps des *mercaders* ou marchands, « pour lesquels d'au-

---

bien l'union intime de tous les habitants et le caractère égalitaire
des institutions.

(1) Arch. comm. de Perpignan, AA. 3, fᵒˢ 29 vᵒ, 95, 97 et 168 vᵒ,
et AA. 3, fᵒˢ 100, 108 vᵒ, et 193.

(2) Un des seigneurs les plus puissants, Bérenger d'Oms, allié à
la noblesse du pays, ne put tenir tête aux habitants de Perpignan
qui exclurent de la ville tous ses partisans. AA. 4, fᵒˢ 387, 371 et
441.

(3) Gazanyola. *Histoire du Roussillon*, op. cit., p. 412.

(4) P. Vidal. *Histoire de Perpignan*, op. cit., p. 163 à 175.

tres artisans travaillaient, à la tâche ou à façon, des matières premières qui ne leur appartenaient pas (1) ».

Jusqu'au XIVᵉ siècle, les habitants avaient acquis leur autonomie complète et s'en étaient servi comme d'une arme contre les puissances féodales. Désormais, la lutte allait se poursuivre pour le pouvoir politique entre les diverses classes. La bourgeoisie industrielle allait essayer de maintenir, dans la subordination, les offices d'ordre inférieur, appelés mécaniques, tandis qu'elle-même continuerait son ascension graduelle vers les classes privilégiées avec lesquelles nous la verrons unie et confondue au XVIIᵉ siècle (2).

Les nobles, formellement exclus de l'administration de la commune, mais obligés, comme nous l'avons vu, de payer les impositions, rentreront aussi au consulat et gouverneront avec les gentilshommes et les mercaders à partir du XVIIᵉ siècle jusqu'en 1789.

*
* *

La première atteinte portée aux corps d'arts et métiers visa leur organisation intérieure. En 1315, le jour des ides de juillet, le gouverneur de Perpignan changea brutalement le mode de nomination des sobreposats des

---

(1) Florent-Serrurier, op. cit., janvier 1896, p. 40.

(2) Ibid., p. 41. « *La tendance à chercher constamment à s'élever*, à passer de la main mineure dans la moyenne, puis de la moyenne dans la majeure, *est un fait frappant* pour tous ceux qui ont étudié l'histoire locale de Perpignan. L'homme du Moyen-Age, sans ambition, vivant content de l'humble place où le sort l'a fait naître, est, pour ce pays de Roussillon, une simple légende. Les intrigues et les querelles provoquées par les inscriptions à la matricule en sont la preuve. » Divers procès du XVIIIᵉ siècle, dont nous parlerons, rendront cette vérité plus éclatante encore.

offices. A l'élection par les membres de la corporation était désormais substituée la désignation par les prédécesseurs, soumise toutefois à l'approbation de l'autorité royale (1).

Voilà le premier acte de la main-mise royale sur les corps de métiers à Perpignan. Mais la puissance de la coutume triompha de la violence de ce brusqne changement, et à la fin du XIVᵉ siècle, la plupart des offices « menestrals » élisaient encore leurs chefs. Pourtant le roi ne désarma pas. Les métiers formaient le collège électoral pour la nomination des consuls et c'est de là que venait l'influence du groupe corporatif. Pour donner la prépondérance à la faction au pouvoir, le roi changea le nombre des administrateurs de l'office. Le 2 juin 1395 (2), il fut ordonné à tous les offices (sauf ceux qui jouissaient de privilèges spéciaux comme

(1) Arch. comm. de Perpignan, BB. 7, fᵒ 56. « Idus Julii, anno Domini MCCCᵒ quinto decimo, dominus Hugo de Tacione, miles, vicarius Rossilionis, dixit Petro de Tosseto, domicello, bajulo Perpiniani, quod nobilis vir Dominus G. de Caveto, locumtenens illustris domini regis, quod suprapositi cujuslibet ministerii ville Perpiniani, videlicet illi qui fuerint unius anni suprapositi, in fine dicti anni seu regiminis eligant, una cum proceribus sui ministerii, alios homines sui ministerii, qui sint suprapositi dicti sui ministerii sequentis anni ; et, facta electione, ducant predictos electos, qui debent esse suprapositi, ad presenciam bajuli Perpiniani, et in ejus posse jurent se fideliter habere in suo officio suprapositure per dictum annum. — Et ita voluit et mandavit dictus dominus locumtenens extunc servari et compleri in villa Perpiniani, et mandavit hic scribi ad eternam rey memoriam. » Le roi tentait, à la même époque, de restreindre les *libertés municipales* en donnant l'ordre de faire nommer les consuls par le bayle.

(2) Arch. comm. de Perpignan, BB. 7, fᵒ 252. Cette pièce est capitale dans l'Histoire des transformations du régime des métiers et Roussillon. Nous la publions *in-extenso* en appendice.

les pareurs, les notaires, les corroyeurs, les bouchers),
d'établir un Conseil de 5 à 11 personnes, selon l'importance de chacun d'eux. Les conseillers, choisis annuellement par les sobreposats, nommeraient les chefs de
métier nouveaux, d'accord avec les sobreposats sortants.
Ce système, sanctionné à diverses reprises en 1398,
en 1402 (1), donna le résultat souhaité. La direction des
corporations et sa représentation au Conseil général
de la ville appartinrent à un petit groupe de personnes
comme cela arriva par exemple pour les jardiniers (2) :
« Com los consol sien informats que lo regiment del
dit offici ab cauteles de alscuns sta del tot poder de
XVII o XVIII persones del dit offici, lasquals se han en
lo dit regimen per tal manera que james no hix de la
ma de aquells o de alscuns pochs, a aquell adhérents,
ne los altres prohomens del dit offici poden cabar en lo
regiment de aquell per esser conseller o cap del dit
mester ».

En 1419 (3), on fixa la date de l'élection des sobreposats, qui jusque là avait varié, au 5 juin « de manière
à précéder immédiatement l'élection des consuls qui
avait lieu le 24 juin, jour de Saint-Jean, patron de la
ville ». En même temps la durée des pouvoirs des chefs
des offices était portée à 2 ans et soumise annuellement
au renouvellement partiel.

Enfin, par la constitution municipale du 18 août
1449 (4), la reine Marie établit un mode très compliqué
d'élection des sobreposats. Tous les membres de chaque

(1) Ibid., BB. 7, fo 209 vo.
(2) Ibid., AA. 4, fo 22.
(3) Arch. comm. de Perpignan, AA. 4, fo 410 vo.
(4) Ibid., AA. 4, fo 469, art. 7.

office pouvaient se faire inscrire le 20 juin sur un registre dit « *Libre de les metricules* », livre des matricules, à condition d'avoir été acceptés par une Commission composée des consuls en exercice et des anciens consuls premier et second. Puis le sort désignait, le 22 juin, les conseillers élus. Ceux-ci choisissaient librement six personnes ayant trente ans, parmi lesquelles le sort établissait définitivement les deux sobreposats de la corporation.

Les conséquences des bouleversements introduits sans répit dans l'organisation intérieure des corps de métiers consistèrent à ruiner « l'ancienne solidarité qui unissait leurs membres, désormais sans influence sur les affaires communes, sans action sur les chefs (1) ».

*
* *

Le roi ne changea pas seulement la direction des offices des métiers, en modifiant le système d'élection des chefs, il leur porta le dernier coup en déterminant les *conditions d'agrégations des offices* entre eux.

Nous avons vu que ces unions ou « amalgames de métiers », comme dit M. Florent-Serrurier, se faisaient d'abord suivant l'importance des métiers et sans règle fixe.

En 1360 (2), les consuls prescrivirent, au nom du roi, la réduction du nombre d'offices par le groupement des métiers similaires.

Les motifs de cette nouvelle ordonnance sont difficiles à élucider, et ceux que le roi avait invoqués

---

(1) Florent-Serrurier, op. cit., janvier 1896, p. 45.
(2) Arch. comm. de Perpignan, AA. 3, f⁰ 227 (le 25 mai 1360).

paraissent plutôt des prétextes. Il aurait été choqué, disent les consuls, de voir tant de bannières pour si peu d'artisans. Pourtant, la ville de Perpignan était à l'apogée de son développement industriel, et l'étendue de son commerce devait provoquer, quelques années plus tard, la création du consulat de mer.

Il est plus vraisemblable de supposer que l'intention du prince était, par la réduction du nombre d'offices, de diminuer l'influence des corps de métiers dans les affaires de la ville, car les sobreposats étaient, de droit, membres du conseil général, et le nombre pouvait leur donner la prépondérance.

Quoiqu'il en soit, les consuls établirent quinze unions d'offices, dont voici les noms dans l'ordre de préséance aux assemblées générales de la commune.

1.	Parayres.	Apprêteurs de draps
2.	Scrivans.	Notaires-Greffiers.
3.	Sartres.	Tailleurs.
4.	Pellissiers.	Peaussiers.
5.	Tixedors.	Tisserands.
6.	Speciayres.	Épiciers-Apothicaires.
7.	Fusters.	Charpentiers, menuisiers.
8.	Sabaters.	Cordonniers.
9.	Fabres.	Ouvriers en fer.
10.	Mercers.	Merciers.
11.	Aluders.	Maroquiniers.
12.	Tenders.	Revendeurs.
13.	Aventurers.	Charretiers.
14.	Masellers.	Bouchers.
15.	Ortolans.	Jardiniers.

Il est impossible d'établir une liste complète des offices rentrant dans chaque groupe, au XVe siècle. Ce qu'il

faut retenir « c'est que les groupes restèrent en nombre
de quinze aussi longtemps que se maintint l'ancienne
organisation des offices (1) », c'est-à-dire jusqu'à Philippe IV, en 1622. Il importe par-dessus tout de remar-
quer que *les offices mécaniques* — en dehors des notaires et apothicaires — sont seuls représentés dans ces
quinze unions.

C'est qu'à la même époque les professions plus éle-
vées, se formaient en associations d'un caractère différent appelées *Collèges à matricule*, « vrais corps constitués ayant un nombre de places limité, exigeant de ceux
qu'ils admettaient dans leur sein, les formalités de la
réception et de l'approbation par tous les collègues (2) ».

Ainsi s'étaient créés le collége des juristes en 1350 (3);
celui des mercaders en 1388 (4), dont les chefs furent
consuls de mer, et qui représenta la bourgeoisie avec
les notaires et les merciers.

Les corps de métiers proprement dits se transfor-
maient en confréries dont l'objectif fut le monopole de
la fabrication et de la vente de certains produits et la
participation aux fêtes religieuses ou civiles de la commune.

« Aux offices d'autrefois, qui avaient embrassé toute
la communauté d'habitants, succédaient les métiers où
il n'entrait plus que les ouvriers : ouvriers supérieurs
et boutiquiers — associés en collèges à matricule — et
ouvriers inférieurs groupés en confréries (5). »

---

(1) Florent-Serrurier, op. cit., janvier 1896, p. 49.
(2) Ibid., op. cit., p. 49.
(3) Arch. comm. de Perpignan, AA. 4, fo 529.
(4) Ibid., AA. 4, fo 472.
(5) Florent-Serrurier, op. cit., p. 50.

§ III. — Causes politiques.

En même temps, et suivant une marche parallèle à sa transformation intérieure, les groupes corporatifs, de 1346 à 1449, perdaient le pouvoir dans l'organisation politique de la commune. Ce point de vue mérite de nous retenir quelques instants.

En 1346, au moment où l'aristocratie naissante va entrer en conflit avec les corporations d'arts et métiers, il est facile d'indiquer la position des deux partis en présence (1).

Les consuls appartenaient : le premier et le deuxième, à la main majeure ; les trois autres à la main moyenne, la main mineure n'ayant aucune représentation.

Les consuls nommaient les conseillers entrants le 23 juin, et, d'accord avec ceux-ci, les nouveaux consuls, sous la condition de l'agrément préalable du roi.

Donc, les offices inférieurs de la main mineure se trouvaient exclus de toute influence sur le consulat ; le conseil de douzaine, composé de quatre marchands et bourgeois de la main majeure et de huit conseillers pris à tour de rôle dans chaque corporation, échappait également à leur action.

Mais ils prenaient leur revanche au conseil général de la commune. Chaque chef de métier y avait droit d'entrée et de suffrage ; bien que les prohoms de la

(1) Voir constitution municipale du 16 novembre 1346, pièce citée, et en appendice.

classe des bourgeois et des marchands eussent les mêmes droits, ils étaient à coup sûr, inférieurs en nombre avant la constitution de 1346.

Ce réglement, fait par les arbitres du roi, Guillaume
de Pervis et Jacques de Faro, conservait dans l'organisation communale, une place importante aux métiers
en accusant seulement l'infériorité des professions mécaniques.

Les consuls se saisirent du prétexte que les réunions
du conseil général étaient souvent tumultueuses et sans
résultat, « e aixi era disolt le consell sens conclusio
alguna, que era causa molt ridiculosa e no utill ans
molt dampnosa a la cosa publica (1) », pour restreindre
l'influence politique des métiers déjà atteints, depuis 1560,
dans l'indépendance de leur organisation intérieure.

Ils enlevèrent au conseil le droit d'initiative en matière de proposition.

Dans l'impossibilité de vaincre les résistances directement, les chefs de métiers agirent par voie oblique,
indirecte. En 1402, nous les voyons demander au roi la
révision de la constitution municipale (2). Le règlement
présenté en leur nom par Guillaume de Villanova, Jean
Ferrer et Guillaume Volo, se rapprochant des institutions communales de Barcelone, fut une transaction
entre les termes extrêmes des prétentions de chaque
partis.

Le 5 juin, les deux premiers consuls nommaient, avec
les membres de la main majeure qu'ils jugeaient dignes
de cet honneur, dix-huit bourgeois ou marchands.

(1) Arch. comm. de Perpignan, BB. 7, fo 359.
(2) Ibid., AA. 3, fo 316 vo (du 22 août 1402).

Les trois autres consuls réunissaient trente chefs de
métiers et nommaient avec eux sept conseillers de la
main moyenne. Ces cinq consuls réunis aux dix-huit
conseillers de la main majeure et aux sept conseillers
de la main mineure, formaient, avec les trente chefs de
métiers, une assemblée générale de la commune. Ce
conseil nommait les nouveaux consuls par le système
du tirage au sort. Il choisissait trois noms de bour
geois et, parmi eux, on tirait au sort le premier consul. De même pour le second. Les trois autres consuls
étaient pris dans la main moyenne et « extraits » par
procédé identique (1).

Ainsi étaient créés le consulat et le conseil général.
Celui-ci nommait, à raison de quatre membres dans
chaque main, douze *tractadors* ou membres du conseil
secret.

Ce nouveau régime réduisait les métiers au rôle d'organe administratif. « Sans doute, ils ont la majorité
numérique au Conseil, puisque quarante places sur
soixante leur appartiennent ; mais le Conseil forme une
unité où disparaît la personnalité des métiers et des

(1) Arch. comm. de Perpignan, AA. 3, fo 316 vo. « Que lo dit
Concell, lo jorn de la vigilia de Santa Johan de Juny, elegesque V
consols en la forma seguent : ço es III burgesos o mercaders honrats de la ma major, los noms dels quals sien mesos cascun en un
petit de purgami, e cascu dels dits tres noms scrits en lodit per-
gami, sia mes en un rodoli de cera, aixi que sien fets tres rodolins
de cera semblants lo hu à l'altre e sien fets sens alguna differen-
cia, e en cascu dels dits rodolins sia mes lo hu dels tres noms, e
los dits tres rodolins ab los dits tres noms sien mesos en un baci
d'aygua, e sia haut un infant que no sia major de VII anys e tra-
gue un dels dits tres rodolins, e aquel lo nom del qual sia en lo dit
rodolin tret per lo dit infant sia consol primer l'any seguent ; e
apres sien alegits altres tres de la ma major... etc. »

classes. Les consuls ne sont plus les représentants d'aucune des mains de la ville (1) ».

La lutte engagée entre les chefs de métier et l'aristo-cratie se poursuivit sans trêve après 1404. Il y eut des commencements de révolte dans la ville en 1409 et 1411 (2), et le roi Alphonse V imagina, pour remédier à la discorde, de donner la moitié des places à chaque parti (25 novembre 1417) (3).

Après des tentatives de réforme de 1419 et 1431, les luttes prirent fin en 1449 par la sentence de la reine Marie (4).

*
 * *

Désormais, la main majeure ne comptait plus que des bourgeois et la main moyenne des marchands. Seule la main mineure représentait les métiers.

Les bourgeois étaient membres de droit du Conseil, les marchands y entraient à concurrence du nombre de bourgeois. Les corps de métiers n'étaient représentés que par 30 sobreposats.

Les consuls, premier et second, appartenaient aux bourgeois, le troisième et le quatrième aux marchands, le cinquième aux offices.

Le pouvoir tombait ainsi entre les mains de la bour-geoisie marchande qui, pendant trois siècles, allait administrer, seule, les affaires de la ville. Les conseils étaient formés par la voie du sort. Les mains majeure

(1) Florent-Serrurier, op. cit., janvier 1896, p. 55.
(2) Arch. comm. de Perpignan, AA. 5, fo 227, et AA. 3, fo 367.
(3) Ibid., AA. 4, fo 376, et AA. 4, fo 403 (18 février 1418), et AA. 4, fo 410 vo.
(4) Ibid., AA. 3, fo 469.

et moyenne constituaient des corps fermés dans lesquels
il fallait être admis pour pouvoir jouir des prérogatives
qui y étaient attachées. C'est ce que l'on appelait la
matriculation.

En un mot, les corps d'arts et métiers s'étaient trans-
formés dans leur vie intérieure et extérieure. « Cette
constitution marquait le début d'une ère nouvelle, et sa
mise en application suffit pour dater définitivement la
disparition, et du régime communal, et des métiers primitifs (1). »

(1) Florent-Serrurier, op. cit., janvier 1896, p. 60.

DEUXIÈME PARTIE

PÉRIODE DE LA RÉGLEMENTATION CORPORATIVE
XVᵉ AU XVIIIᵉ SIÈCLES (1449-1789)

—

CHAPITRE PREMIER

TABLEAU D'ENSEMBLE.

Idée générale.

Les garanties obtenues de bonne heure par les habitants du Roussillon et par ceux de Perpignan en particulier, vis-à-vis du pouvoir royal et seigneurial, créèrent la sécurité nécessaire au développement de l'industrie et du commerce.

La prospérité de la commune de Perpignan sous l'administration directe des corps d'arts et métiers, suivit une marche ascendante et ininterrompue du XIIᵉ au XVᵉ siècle. C'est ainsi, par exemple, que, grâce à son activité économique, la ville de Perpignan avait vu le chiffre de sa population doubler dans l'espace de moins d'un siècle (1). Il en était de même de toute la province.

(1) P. Vidal. *Histoire de la ville de Perpignan,* op. cit., p. 224. La population, évaluée à 12,000 habitants en 1276, était de 25,000 habitants en 1344, c'est-à-dire 68 ans après.

Le XIVᵉ siècle a été « l'ère nationale » du Roussillon et, sans contredit, la plus belle époque de l'histoire de sa capitale. « Par l'essor large et hardi qu'a pris le commerce, par le nombre considérable des métiers, par les institutions municipales qui donnent la liberté, il circule alors dans Perpignan comme un souffle de la maturité féconde du travail et du génie austère de la race catalane (1). »

Avant de donner l'énumération et le groupement des corporations, ainsi que la topographie des métiers à Perpignan et en Roussillon à cette époque, nous résumerons en quelques lignes les rapports du développement industriel et commercial avec les institutions professionnelles.

SECTION PREMIÈRE

LES CORPS DE MÉTIERS DANS LEURS RAPPORTS AVEC LE COMMERCE ET L'INDUSTRIE.

§ I. — L'Union à la maison de Barcelone et le développement catalan.

L'union du Roussillon à la maison de Barcelone a contribué beaucoup à l'expansion du mouvement corporatif. En effet, grâce au génie mercantile espagnol, les ateliers d'artisans étaient pourvus de matières premières

(1) P. Vidal. *Histoire de la ville de Perpignan*, op. cit.

que de nombreux navires portant le pavillon de la Catalogne, allaient chercher dans tout le bassin méditerranéen et même au Levant. Les retours s'effectuaient en marchandises ; les produits fabriqués trouvant un débouché facile, la classe des artisans se sentait soutenue dans son activité laborieuse, encouragée encore par l'appât des bénéfices qui lui procuraient un capital en peu de temps. La formation rapide de la bourgeoisie marchande de Perpignan en est la preuve (1).

Les rois de Majorque semblent avoir compris l'importance essentielle de la création des débouchés commerciaux. Ils ont toujours suivi la même politique de protection prévoyante du commerce par mer et par voie de terre. Ainsi, ils ont largement travaillé, par voie indirecte, à établir la prospérité des métiers de leur royaume.

Trois ordres de faits suffiront à nous en convaincre :

1° Le commerce maritime présentait de nombreux dangers, par exemple sur les côtes de Barbarie, par suite de l'organisation de la piraterie (2).

Malgré la résistance obstinée des émirs, les rois s'ap-

(1) Le commerce roussillonnais était facilité par la situation géographique de la Catalogne. Les ports de Saint-Laurent, de Canet, de Collioure, comptaient un grand nombre de navires. Le goût de la navigation chez les Catalans est attesté par leur participation à toutes les expéditions lointaines. V. Gazanyola. *Histoire du Roussillon*, op. cit,, p. 267 à 270.

La destination habituelle des voyages maritimes était l'Espagne, l'Italie, la Roumanie, Chypre, Rhodes, Alexandrie, le Maroc, Tunis, Tripoli. Au milieu du XIVe siècle, dit M. Vidal (op. cit., p. 165), « la Méditerranée était un lac catalan sillonné de nefs catalanes ».

(2) V. sur ce point Renard de Saint-Malo, Notice sur le commerce catalan de la côte de Barbarie, *Bulletin de la Société agricole, scientifique et littéraire des Pyrénées-Orientales*, t. VIII.

pliquèrent à conclure des traités de commerce avec les chefs de tous les États africains (1).

En même temps, ils favorisaient le commerce maritime par des franchises et des libertés de toute sorte (2).

2° Mais là où les intentions royales éclatent nettement, c'est dans la décision prise, en 1422, par la reine Marie, lieutenante-générale du royaume, en l'absence d'Alphonse V. Elle fit ordonner par les États-Généraux tenus à Barcelone, que, désormais, les membres de la députation et les auditeurs des comptes seraient chargés d'aviser aux moyens de conserver à la draperie nationale, la bonté et la finesse qui lui donnaient une supériorité sur la draperie étrangère. La reine ne voulait pas d'une intervention d'autorité. Elle employa le système auquel devraient avoir recours tous les gouvernants en matière de législation du travail : elle fit consulter les intéressés. « Il fut expressément prescrit... de rien statuer sans avoir consulté les hommes experts dans les professions ou métiers dont ils allaient

(1) Mas-Latrie. Paris, Henri Plon, 1866. *Traités de paix et de Commerce et documents divers concernant les relations des chrétiens avec les Arabes de l'Afrique septentrionale au Moyen-Age.* V. p. 74-76, 178-184, de l'introduction historique, et p. 279-342 des documents.

En 1271, l'émir de Tunis avait consenti à assurer le commerce de la côte de Barbarie aux sujets de Jacques le Conquérant.

De nouveaux traités furent conclus en 1274, 1385 et 1313 ; ce dernier est de Don Sanche. En 1339, l'émir du Maroc ouvrit la côte du Magreb au commerce du Roussillon.

(2) Gazanyola. *Histoire du Roussillon*, op. cit., p. 268. En 1422, la reine Marie autorise les navires, obligés auparavant d'aller à Collioure, à débarquer où ils voudront. « Elle motive cette ordonnance sur ce que la *Liberté du Commerce* est clairement stipulée dans les Constitutions de Catalogne. »

devenir les législateurs, puisque les mesures qu'ils
jugeraient convenables de prendre auraient force de
loi (1). » La Commission d'enquête instituée à Barcelone se transporta dans toute la Catalogne, à Lérida, à
Gérone, à Perpignan ; après avoir entendu pendant
deux ans, les explications des tisserands, pareurs et
autres ouvriers, elle rédigea un règlement, d'accord avec
les prohoms des corporations intéressées (2).

Ce fut à partir de 1424, « le seul Code de toutes les
professions qui tenaient à l'art d'ouvrer la laine, tant
dans la principauté de Catalogne, que dans la communauté de Roussillon ».

Dans cette mesure, nous saisissons sur le vif l'union
étroite des intérêts commerciaux et des intérêts corporatifs.

3° Les rois d'Aragon ne négligèrent pas non plus le
commerce par voie de terre qui constituait un débouché
de premier ordre. Il serait trop aisé de le démontrer,
tant les preuves abondent (3).

Ils établirent de nombreuses foires (4) et des mar-

---

(1) Renard de Saint-Malo, op. cit., année 1833.

(2) Ibid. La date exacte de ce règlement est le 8 août 1424.

(3) Nous avons constaté, dans le Tarif du droit de « Reua » de
Perpignan en 1284 [(Livre vert majeur des Arch. comm., fo 72-82),
publié par Alart (Documents, etc..., op. cit., p. 73)], et dans l'Inventaire du magasin de feu Jean de N'Aldiartz, marchand drapier
en 1307 [(Arch. départ., fonds d'Oms), publié par Alart (Ibid., p. 85)],
que le courant des échanges était très accentué avec les villes de
Gand, Ypres, Saint-Denis, Avignon, Douai, Saint-Omer, Valen-
ciennes, Narbonne, Montauban.

(4) P. Vidal. *Histoire de Perpignan*, op. cit., p. 173. Perpignan
en avait deux. « Très fréquentées, elles étaient surtout destinées au
commerce des bestiaux et de la draperie ». — Gazanyola, *Histoire
du Roussillon*, op. cit., p. 232. — Arch. comm. de Thuir, AA. 5, fo 3.

chés (1) dans la plupart des centres de production, afin de créer sur place des débouchés sérieux (2).

§ II. — La loyauté de la fabrication contribue à l'expansion commerciale.

Ce mutuel concours du commerce et des métiers trouvait un point d'appui solide dans toutes les mesures corporatives dont l'objet était d'assurer une fabrication consciencieuse et loyale.

Les réglements des métiers, nous l'avons vu dans la première partie de notre étude, prévoyaient les moindres détails de la fabrication. Pour les objets d'exportation courante, comme les draps, on avait un grand intérêt à maintenir leur réputation au dehors. Aussi les prescriptions à ce sujet sont-elles fréquemment renouvelées. On avait déterminé par exemple le genre de chaque étoffe, leurs dimensions respectives, et toutes les manipulations de la fabrication, tissage, teinture, etc. Chaque étoffe n'était livrée au commerce qu'après avoir été vérifiée par des juges experts, qui y apposaient le sceau de la corporation de la ville (3). En cas de malfaçon ou de contravention au réglement, la marchan-

---

(1) P. Vidal, op. cit., p. 56 et 57. — Alart, *Priviléges et Titres*, op. cit., création de marchés à Arles (p. 37) à Puigcerda, (p. 67), à Gérone (p. 71), à Villefranche (p. 71). Les marchés entravaient la tendance au monopole.

(2) Nous laissons de côté les ordonnances royales qui visaient la protection directe de l'industrie, comme celles qui défendent d'exporter la laine, etc.

(3) Arch. comm. de Perpignan, AA. 4, fᵒ 398. On apposait aux pièces de drap, un plomb portant la marque « PERPENYA ».

dise était confisquée et distribuée, partie aux pauvres, partie à l'exécuteur des hautes œuvres, pour être brûlée. On en conservait des lisières, afin d'inspirer le respect des règlements, et d'assurer la probité dans la fabrication.

Les villes étaient jalouses des marques qui avaient fait la renommée de leurs artisans. C'est pour cela, et dans l'intérêt du commerce, que le gouverneur, au nom du roi (1), ou les Consuls avaient le droit de faire des ordonnances (2).

§ III. — Conclusion. — Mutuel concours des Métiers, du Commerce et de l'Industrie.

En somme, il apparaît maintenant que l'action du commerce sur le régime corporatif par la création des débouchés, n'est étrangère ni à la prospérité ni à l'accroissement du nombre des métiers. La liaison de ces

(1) Arch. comm. de Perpignan, AA. 4, fo 398 (23 juin 1417). Le gouverneur établit des prescriptions pour empêcher la décadence des draps « com sia manifest que lo millor y principal membre de aquesta vila, per lo qual ladita vila principalment ha pres augmentacio y poblacio en lo temps passat, era lo fet de les drapades que s'fahien e s'aparellaven en ladita vila, *de les quals en diverses parts del mon era fet grand compte et special mencio* ».

(2) Arch. comm. de Thuir, AA. 5 (pièce du 20 mai 1422). La reine Marie accorde aux Consuls le pouvoir de faire des réglements sur les draps, filasses, laines, « tints » et autres métiers que l'on espère pouvoir établir dans la ville.

Gazanyola, op. cit., p. 269 : « Les consuls de Prats de Mollo, en vrais chefs de la Communauté, achetaient, dans l'intérêt des ateliers, des matières premières comme le pastel (1365) ou même de la laine. »

deux ordres de faits est si puissante, si indissoluble, qu'historiquement, les offices d'artisans ont atteint leur apogée ou sont tombés en décadence en même temps et suivant l'état correspondant du commerce. Une confirmation nouvelle de cette idée résulterait de l'examen des conséquences de la domination de Louis XI et de l'établissement du gouvernement d'Aragon en Roussillon pendant la dernière période du Moyen-Age.

SECTION II

GROUPEMENT ET TOPOGRAPHIE DES MÉTIERS.

§ I. — Caractères particuliers des Corporations les plus importantes.

La physionomie locale et générale des groupements corporatifs au Moyen-Age est très curieuse à examiner.

Nous avons déjà vu, à la fin de la première période de l'autonomie corporative, en quoi consistait l'amalgame des métiers.

Il nous reste à faire connaître maintenant comment se formaient, dans Perpignan ou dans le Roussillon, les groupements de métiers. Mais auparavant, nous indiquerons quelques traits caractéristiques de certaines des corporations les plus importantes, en les classant de la façon suivante, d'après leur objet :

I. — Alimentation.

II. — Construction.

III. — Habillement, équipement, ouvrages en cuir.

IV. — Industries d'art et de piété.

V. — Industries textiles.

VI. — Métaux.

VII. — Industries diverses.

I. — *Alimentation.*

Les corporations qui concourent à l'alimentation sont les plus nombreuses. Nous en citerons sept.

1° Les *forners* ou *flaquers* (qui faisaient le pain de *fleca*) correspondaient aux fourniers et boulangers.

On les avait soumis à une réglementation minutieuse.

Des commissaires de police et d'hygiène, les clavaires, étaient chargés de veiller à la stricte observation des ordonnances consulaires (1). En principe, leur jugement était sans appel, mais leur pouvoir de juridiction générale fut usurpé souvent par le procureur royal (2).

Le pain devait être pesé avant et après la cuisson (3) et son poids conforme à celui d'un tableau fixé d'avance par les consuls.

Le prix était établi d'après celui du blé.

Toute violation de ces règlements entraînait la confiscation du pain que l'on distribuait ensuite aux pauvres (4).

---

(1) Rigaudine, Recollecta, etc., f° 22 v°, et Liv. vert. min., f° 222 v°. (Arch. comm. de Perpignan). « Las sentencias donades per clavaris, deuen esser menades a execucio : e no sen pot haver recors a nengun official real ni al senyor rey. »

(2) Leur compétence s'étendait « en totes qualsevol coses tocants la pollicie e bellesa de la vila aixi com en carrers, places, edificis, evans, taules, banques, banchs, porxes, ponts, etc. ». Arch. comm. de Perpignan, AA. 4, f° 492 v°.

(3-4) Ibid., AA. 3, f° 85 v° et 86 (1409) : « Cant costa VIII sols l'ey-

L'office des flaquers jouissait de privilèges étranges.

En 1406, il percevait deux deniers de chaque flaquer par charge de farine pétrie. Cette concession fut révoquée comme contraire aux principes des constitutions de Catalogne, qui défendent de concéder à des particuliers le droit de lever l'impôt (1).

2° Les *moliners* ou *moners* et *porganers* ne furent pas moins nombreux que les forners. Ils correspondaient aux meuniers, bluteurs et mondeurs.

3° Les bouchers étaient connus sous le nom de *macellers* ou *masellers* ou encore *boucquers*.

Les dispositions de leurs statuts sont très sévères.

D'abord les poids de leurs balances étaient tous en fer et marqués du sceau royal. La vente de la viande déterminée par catégories (mouton, bœuf, agneau, porc), avait lieu à un prix fixé d'après celui du bétail (2), et suivant qu'elle était fraîche ou salée.

Interdiction était faite de vendre en-dehors des boucheries (3).

Lorsqu'un boucher tuait une bête blessée ou estropiée, il était tenu de la porter au marché de la *plassa del Costeyl* et non ailleurs.

La durée du travail des bouchers fut soumise aussi à certaines restrictions : la reine Marie leur interdit par

---

mina, deu pesar la dinerada de la pasta XLIII onces, et quant sera cuyt deu pesar XXXVIII onces. »

(1) Ibid., AA. 6, f° 210 (24 mai 1409).

(2) Arch. comm. de Perpignan, BB. 7, f° 37 v° et 39 v°. Publié par Alart, *Documents*, etc., op. cit., p. 148.

(3) Ibid., BB. 7, f° 38. « Que les carns qui's dégollaran é scorxaran fora carnisseries e no publicament, no's puxen vendre dins la vila de Perpenya. »

lettres patentes de débiter les dimanches et jours de fête, sauf pendant les mois de juin, juillet et août (1).

4° Les *regraters* détaillaient des denrées alimentaires. C'étaient des revendeurs ou marchands ambulants, ainsi que le prouvent les ordonnances du bayle (2). Ils vendaient surtout des denrées qui relèvent de la fruiterie et ne pouvaient faire leurs achats qu'après midi sonné (3).

5° Les *tenders* vendaient surtout à l'étalage. Cette corporation a été une des plus vivaces, et ses statuts ont persisté pendant plusieurs siècles sans modifications importantes.

6° Les *peixoners* ou *pexoners*, poissonniers, avaient un marché spécial, *la peixoneria*.

Le roi s'était servi de cette corporation pour assurer le service d'approvisionnement des villes de son royaume. Tous les pêcheurs qui exerçaient leur profession dans les étangs ou sur les mers du roi étaient obligés d'apporter le poisson sur la terre du roi, « *en la terra del S. Rey* », et de le vendre à des sujets du roi, sous peine de cinquante sous, dont la moitié appartenait au dénonciateur : « *e aja'n lo denunciador la maytat* ». Les revendeurs étaient également tenus de ne pas

---

(1) Ibid., AA. 3, fos 486 et 487. Les jours de fête désignés sont : la Noël, la Saint-Étienne, la Saint-Jean de Juin, la Saint-Jean l'Évangéliste, le Samedi saint, Pâques, le lundi de Pâques, la Pencôte. La raison donnée par la reine est la suivante : « Sic ut eisdem diebus... platee et vie, signanter macellis vicine, frequentius quam ecclesie visitentur. »

(2) Arch. com. de Perpignan, BB. 7, f° 14 v°.

(3) Ibid., BB. 7, f° 14 v°. « Que negu regrater no gaus comprar ni mercadejar fruyta, ni estar ni aturar en aquel loc on les gens estrayes venen la fruyata... entro que mig dia sia sonat. »

l'exporter et de le vendre sur place au détail, « *per vendre aqui a menut* ». Jusqu'à neuf heures sonnées, les poissonniers devaient étaler leur poisson sur leurs tables afin que chacun pût le voir, « *lo puscha veser clarament* (1) ».

Le règlement dont nous parlons ne se préoccupe pas seulement de la question d'hygiène, il a pour objet d'empêcher l'accaparement des denrées. La salaison du poisson devra se faire dans la ville où il aura été apporté, et on sera tenu de le vendre sur place.

7° Les *hostalers*, hôteliers-aubergistes, logeaient les marchands étrangers et avaient pour obligation de ne pas laisser sortir les marchandises avant que le vendeur ne fût payé. Comme pour tout homme de Perpignan, on ne pouvait saisir tous les objets nécessaires à une hôtellerie, linge, matériel de cuisine, etc.

II. — *Construction.*

1° La maçonnerie était confiée aux *peyrers*, appelés encore maîtres de pierre et chaux, « *maestres de pera e caus* ».

2° Les *fusters* étaient à la fois charpentiers et menuisiers.

3° Les *teulers* ou tuiliers, dont nous avons analysé un règlement important, rentrent dans la catégorie

---

(1) Arch. com. de Perpignan, BB. 7, fᵒˢ 42 à 44, publié par Alart, Documents, etc., op. cit., p. 123 (8 des ides de mai 1298). Après neuf heures du matin, les poissonniers pouvaient le revendre à qui ils voulaient, sauf à des *étrangers* dont on ne devait pas favoriser le commerce : « Que negun de Perpenya no gaus ajudar a negun hom *estrayn* a vendre peixes dius la vila de Perpenya, sots pena de II s. »

des ouvriers qui concourent à la construction des édifices (1).

III. — *Habillement.* — *Équipement.* — *Ouvrages en cuir.*

Les principales corporations étaient :

1° Les *sastres* ou *sartres* (2) ou tailleurs.

2° Les *sabaters* ou cordonniers, dont l'usage était de vendre sous le porche de l'Hôtel de Ville ; cela leur fut interdit plus tard. « *Los Sabaters no gosen pòsar sabates per vendre en les taules devant lo Consolat en dijous ni altres dies no contrestant lo us antiquat* (3). »

3° Les *pellers e pellissers*, peaussiers et pelletiers.

4° Les *aluders*, *blanquers*, mégissiers de peau à l'alun (*aluda*) et tanneurs. Ces corporations avaient acquis un large développement et une réputation méritée dès le XIIIᵉ siècle.

5° Les *sahonadors* ou *assahonadors* (de essahonar, amollir) ou artisans qui préparaient les cuirs par la macération (4). Ils habitaient un quartier spécial dit « les Blanqueries ».

6° *Mercers* ou merciers. Ce collège comprenait les office des *cellers*, *pentiners*, *pintors*, selliers, pei-

---

(1) Arch. com. de Perpignan, BB. 7, fᵒˢ 1 et 2, pièce citée.

(2) Ibid., BB. 7, fᵒˢ 27 et 28. Cet *ordonament* de les Costures dels sastres, donne l'énumération des diverses parties du vêtement, « le bliau, la gramasia, la capa, la cotardia, le gardacors, la flotxa ab tirapitz, les causes fobrades ».

(3) Rigaudine, Recollecta, etc., op. cit., fᵒ 38, et Arch. com. de Perpignan, Liv. vert. min., fᵒ 139, charte de 1332 accordée par le roi de Majorque.

(4) Arch. com. de Perpignan, BB. 7, fᵒ 24 vᵒ, publié par Alart, documents, etc., op. cit., p. 147.

gneurs de chanvre et peintres. Il ne faut pas confondre les *mercers*, marchands au détail, avec les *mercaders*, ou négociants en gros qui s'étaient placés par leur fortune à la tête des corps d'arts et métiers. Au XVe siècle ils faisaient déjà partie du second État de la ville, et leur influence s'accrut jusqu'au XVIIIe siècle, après leur constitution en collège privilégié.

7° Les *pallissers* ou *pellicers*, pelletiers pour les peaux d'agneau, s'unirent tantôt aux *sastres* et tantôt aux *pellers* (1).

IV. — *Industries d'art et de piété.*

1° Les couvents nous valurent des copistes ou écrivains *(scriptores)*, des enlumineurs et « lieurs » *(miniatores e ligatores)*. Il reste peu de choses de leurs œuvres.

2° L'ornementation des églises (tabernacles, calices, croix, ostensoirs) était confiée à des *orfèvres*, dont la plupart firent preuve d'un réel talent. Ces *argenters e stanyers* (orfèvres et étameurs) étaient soumis à une réglementation stricte (2).

---

(1) Un règlement de 1309 leur interdit de faire des chausses de drap qui soient réparées. « Que negu peler no gaus fer causses que sien reparades. » Publié par Alart, docum., etc., p. 185.

(2) Arch. comm. de Perpignan, BB. 7, fo 33. Publié par Alart, documents, etc., op. cit., p. 119. « Ordonament dels argenters. Quinto idus februarii anno dni M. CC. LXXXX sexto. »

Ffo adordonat e establit per lo molt noble senyor En Jacme, per la gracia de deu rey de Malorcha, ab conseyl d'en P. de Bardoyl, d'en P. de Cornelya, d'en G. de Casteylo e den Simon d'Arria, cossols de Perpenya, e de moltz d'autres prohomes de Perpenya, que tot hom qui obra alcuna obra d'aur o d'argent en la dita vila de Perpenya, jur e prometa en poder del balle de la Cort de la dita vila, tocatz corporalment los IIII santz evangelis de Deu, que d'aquel

3° Enfin la sculpture et l'architecture religieuse ou civile étaient confiées à l'association des architectes (*mestres de casa o mesters majorals de obra*).

Les matériaux employés consistaient surtout en briques (1).

---

dia enant no obre en la dita vila de Perp., ni en los termes de aquela, ni en la terra de Rosseylo en negu loch fassa Obrar, ni sostena en son poder obrar, copa, ni anap, ni calis, ni alcuna altra obra d'argent, sino d'argent de Montpesler, e que'l dit argent isca blanc del foch.

Ni sostendra ni daurara ni daurar fara anels d'aur.

Ni fara ni fer fara canos en anaps, ni en copes, ni en calis sino que sien de fin argent.

Ni vendra ni vendra fara anaps, copes ni calis que sien saudats ab estayn.

Ni mete ni paus, ni metre ni pausar fassa alcuna pera natural en anel de laton, ni pera de veyre en anel d'aur ; ni daurara alcuna obra de coyre, ni de laton, sino tant solament botons plaus ab baga, o alcuna altra obra de glesa tant solament que livenges feyta o obra d'argent de correga.

E qui contra d'amont las dites causes o alcuna d'aquestas fara, pag per pena XX. S. e, oltre la dita pena, sià trencada la dita obra ; e cascun prometa (aqueles) servar e tener fielment senes tota frau, a bon e sa enteniment.

Item prometa e jur que si sabia que alcu fees contre les d'avant dites causes que o denoncie à la Cort.

Item si alcu sobre posat fasia senyar alcuna obra que ne fos de fin argent, *que sia punit aixi com falsari,* e quel's ditz sobre pausatz ajen cura de sercar los fraus e si'ls troben, que ho dejen denonciar a la Cort.

Item fo adordonat per lo S. Rey, ab conseyl de ditz cossols de Perpenya, que'ls cossols de Perpenya o aquels en qui'ls comanaran, tengen *lo puntor* ab loqual totes las obres d'argent se deuen senyar, tota hora que sien prohades per leyals, per los cossols a per los sobre pausatz.

(1) Il reste, à Perpignan, une seule maison entièrement construite en briques et datant du XIVe siècle. C'est la maison Julia.

V. — *Industries textiles.*

Elle comptèrent, à coup sûr, parmi les plus importantes de Perpignan et de tout le Roussillon.

1° La draperie englobait de nombreuses corporations.
Les principales étaient celles des *parayres*, pareurs ou
apprêteurs de draps. Perpignan exportait une grande
quantité de draps ; ses ouvriers avaient une façon
spéciale de les apprêter, et c'est de là que venait leur
réputation. Ce secret de la fabrication, qui donnait au
tissu un fini particulier, attira en Roussillon les marchands étrangers.

2° Les auxiliaires des parayres étaient les *ordidors*
chargés de la filature, les *tixadors* ou tisserands, les
tinturers ou teinturiers. On les dénommait quelquefois *tenyeyres*. On fabriquait à Perpignan des étoffes
de velours, de soie, de satin ; l'industrie des draps d'or,
des étoffes brodées y était pratiquée.

Afin de relever la dignité des offices de la draperie, à
qui Perpignan devait surtout sa prospérité, il était interdit d'employer des esclaves dans ces métiers (1).

Les industries annexes de celles de la draperie
étaient celles de la culture des plantes tinctoriales,
gaude, pastel, etc. ; nous en indiquerons les principaux
centres dans la topographie générale des métiers.

---

(1) V. Rigaudine, Recollecta, etc., op. cit., f° 34. « Ordinacio
sobre lo offici dels parayres e de la libertat de aquels que cascu
pusque exercir son offici ab persones liberes e no ab esclaus sots
pena de X liures e perdre lo esclau o esclaus. »

VI. — *Métaux.*

1º Au travail des métaux précieux se rattachaient les orfèvres ou *argenters*, très nombreux à Perpignan au XIVᵉ siècle (1).

2º Les métaux ordinaires étaient ouvrés par les arti-sans des corporations des *fabres* ou forgerons, des *ferrers e carders*, maréchaux-ferrants, cardeurs, *spasers e coltiners*, couteliers et fabricants d'épées.

VII. — *Industries diverses.*

1º Les *barbers* se rattachaient aux médecins et aux chirurgiens, *metges*, *metgesses*, *cirurgians*, ainsi que les *apothecaris*, *adroguers e droguers*, apothicaires et droguistes.

2º Parmi les industries diverses·il convient de ranger encore celle des *aventurers* ou marchands forains, *basters* ou bâtiers, *correters de besties* ou courtiers de bêtes.

3º Les *ollers* fabriquaient de la poterie. Pendant trois siècles environ, ils furent unis aux *tenders* et aux *sparters*.

4º Les *notaris e scrivans*, notaires et greffiers, instrumentaient leurs actes dans les scrivanies publi-ques « e no en llurs cases e altres lochs (2) ». Ils

---

(1) V. supra, *Industries d'art et de piété.*

(2) Arch. comm. de Perpignan, AA. 1, fº 178 (18 mars 1363), « in assuetis scribaniis vel locis vulgariter nuncupatis scolas teneri tabularia ante dicta ». — AA. 6, fº 82 (4 mars 1357). Les notaires ne copiaient pas leurs actes en entier. Cette prescription fut renou-velée le 2 mai 1409 (AA. 6, fº 200 vº), « volentes lucra percipere et

n'exerçaient pas toujours leur profession avec une très grande correction, et des ordonnances fréquentes les rappellent sévèrement à l'ordre (1).

5° Pour terminer cette énumération des groupes corporatifs les plus importants, nous citerons les *spécyaires*, souvent unis aux apothicaires, et les jardiniers ou *ortolans*, dont nous connaissons déjà la juridiction spéciale et la grande influence de la commune de Perpignan. Ils furent toujours représentés au consulat par le cinquième consul.

§ II. — Topographie des métiers

Nous décrirons d'abord la topographie générale, puis la topographie locale.

1° *Topographie générale.*

A) Les principaux centres de la province de Roussillon, pour l'industrie des draps, se trouvaient à *Arles-sur-Tesch* dès le XIVe siècle, et à *Prats de Mollo*. Dans ce pays abondant en pacages, on entretenait des troupeaux dont la laine était devenue la principale ressource des propriétaires (2).

laboris oneri non subesse ». — AA. 6, f° 271 v° (3 février 1402). Les notaires seront contraints de passer à l'avenir l'examen prescrit par les Constitutions de Catalogne.

(1) Ibid., AA. 3, f° 563 (24 nov. 1519). Lettres patentes de Charles-Quint réduisant le tarif des actes notariés « per provehir als grans *desordens y extorsions* que's feyen per los notaris ».

(2) Renard de Saint-Malo. Notice sur Prats de Mollo, *Publicateur*, op. cit., n° 46, année 1832. « La difficulté de se vêtir et la

A *Céret*, le seigneur avait construit à ses frais un moulin à foulon (1). En 1329, on comptait dans cette ville 24 pareurs.

Perpignan l'emportait sur toutes les autres communes de la province. En 1332, il y avait 349 maîtres pareurs ; le mouvement commercial de cette ville était si considérable, que le roi dut créer, quelques années plus tard, le Consulat de mer.

Villefranche-de-Conflent eut aussi des pareurs (2).

B) L'industrie de la verrerie (3), qui a dû exister sous les Romains, est signalée par les documents du XIIIᵉ siècle.

Ce genre de production paraît avoir eu pour centre le village de Palau, appelé encore aujourd'hui *Palau-del-Vidre*.

En 1418, une verrerie existait dans la forêt de la Valbonne ; ses produits étaient expédiés en Catalogne, en Roussillon, et même dans toutes les dépendances du royaume d'Aragon.

Nous ignorons si les verriers formaient une corpora-

difficulté de donner aux laines un écoulement avantageux firent naître aux habitants de Prats l'idée de les ouvrer eux-mêmes. »

Par ordonnance des ides de juillet 1308, Jacques de Majorque accorda l'établissement d'un marché qui se tenait chaque samedi.

Les pareurs de Prats avaient des statuts analogues à ceux de Perpignan ; confirmés en 1599 par Philippe III d'Espagne, ils ne varièrent plus jusqu'à la Révolution. V. Arch. départ., C, 1052 : État des corps et communautés.

(1) Renard de St-Malo. Renseignements historiques sur la draperie, *Publicateur*, année 1833, p. 170.

(2) V. Alart. Les stils de Villefranche-de-Conflent, *Revue historique de droit français et étranger*, mars-avril 1862.

(3) Alart. L'ancienne industrie de la verrerie en Roussillon, *20ᵉ Bulletin de la Société agricole*, etc., année 1873.

tion ; mais c'est infiniment probable. En effet, vers 1442, les leudes royaux ayant saisi au Volo (aujourd'hui Le Boulou) un chargement de verre, les consuls de Palau protestèrent contre cette violation de leurs privilèges (1) au nom des habitants.

Cette industrie disparut, devant les produits du Languedoc plus favorisés, après la réunion du Roussillon à la France.

C) L'industrie des plantes tinctoriales alla toujours de pair avec celle du drap. Elle eut même un rayon de culture et d'exportation très étendu (2). On la désignait à l'étranger sous le nom de « Rubia de Rossellon ».

---

(1) Procuracio Real, reg. XXIX, fo 131. Cf. Alart, op. cit., p. 316. « En conséquence, les consuls de Palau, *défenseurs du dit lieu et de ses habitants*, protestent contre de pareils actes et prétentions, comme contraires à leurs privilèges et libertés ».

(2) Capmany la signale et affirme qu'elle était connue à Naples dès 1519. Les principaux centres de productions furent Elne, Millas et Thuir. Voici d'ailleurs le tableau des villages du Roussillon où l'on cultivait les plantes tinctoriales et où l'on trouvait des moulins à foulon et des manufactures. Cf. Notice de l'ancienne culture de la garance en Roussillon, *Bulletin de la Société agricole*, etc., année 1848.

Vallée du Tech.

Banyuls.......	
Collioure.......	Fabriques.
Argelès	
Saint-André	
Maureillas......	Moulin à foulon.
Céret	Manufacture au complet (n'a pas de plantes tinctoriales).
Elne..........	Manufacture au complet.
Saint-Cyprien...	Culture du pastel.
Le Volo........	Pareurs, pastel, moulin.
Arles	Manufacture au complet (moins plantes tinctoriales).
Prats de Mollo..	

2º *Topographie locale : Les métiers à Perpignan.*

« C'était jadis une loi générale que ce groupement dans une rue, dans un quartier, de gens de même condition, des ouvriers du même métier (1). »

La physionomie si curieuse de Perpignan au Moyen-Age est facile à reconstituer pour un Roussillonnais.

Les rues actuelles portent encore, *en majeure partie*, le nom francisé qui servait à désigner au XIVe siècle les diverses artères de la ville.

Le faubourg s'appelait *lo Tint* parce que les teinturiers s'y étaient établis de préférence, à raison du voisinage de la rivière. De même les *Blanqueries* désignaient

Vallée du Réart.

Canohés........	Culture du pastel.
Thuir...........	Manufacture, culture des plantes tinctoriales.
Cabestany......	Culture du pastel. Expéditions d'outre-mer.

Vallée de la Tet.

Castel-Roussillon	Moulin à foulon.
Perpignan......	Manufacture au complet.
Millas.........	Manufacture au complet.
Ille.............	Pareurs. Moulin à foulon.
Vinça.......... Prades.........	Pareurs. Moulin à foulon.
Vernet.........	Moulin à foulon.	
Villefranche....	Deux manufactures (les plus importantes après Perpignan), ayant juridiction disciplinaire sur les fabriques du rayon.

Vallée de l'Agly.

Pia............	Moulin particulier.
Saint-Laurent...	Culture du pastel.
Baixas......... Estagel.........	Pareurs.

(1) Brutails. *Étude sur la condition des populations rurales,* op. cit., p. 75, note.

l'endroit où les tanneurs avaient été rélégués en 1302 par le roi Jacques de Majorque. La population industrielle s'était d'abord cantonnée au *Puig*, en face du *call* ou quartier aux Juifs. Plus tard elle s'établit dans d'autres quartiers de la ville. En 1317, le roi don Sanche de Majorque destina une grande partie de la paroisse Saint-Jacques aux tisserands en drap, qui eurent le *droit exclusif* d'y habiter (1).

Plusieurs rues rappellent encore actuellement le souvenir des fabriques de drap du XIVe siècle au centre de la ville. Citons, par exemple, les rues des Fabriques d'En-Nabot, des Fabriques d'En-Nadal, des Fabriques-Couvertes. De même les vieilles rues de l'Argenterie, de la Poissonnerie, des Potiers, de la Fusterie, n'ont pas été débaptisées.

Au XIVe siècle, il y avait encore les rue dels Aluders, dels Fabres, de la Freneria, de la Budelleria, de la Parayria et les places de la Gallineria, de la Fruyteria, de la Peixoneria, de la Pella, de la Boverie (aujourd'hui place Laborie), de la Llana.

Il est des faits sociaux qui prennent, dans l'histoire, le caractère de véritables symboles. Pour nous, cet usage constant de donner aux rues les noms des métiers qu'elles abritaient, est le signe que la seule puissance de l'époque était absorbée par les corporations. De même que les enseignes et les bannières qui flottaient dans les événements graves ou joyeux, au moment de la convocation de la « Ma Armada », ou pendant les longs

---

(1) Fossa. *Mémoire pour l'Ordre des avocats*, p. 71. « Pierre permit aux teinturiers de s'établir dans la rue attenante à la maison des frères prêcheurs, derrière l'église Saint-Jean, alors appelée « la rue des Bains ».

et brillants défilés des cérémonies religieuses ou civiles, les noms des métiers inscrits au coin des rues attestaient la gloire de la cité laborieuse et sa force. C'était comme l'apothéose du Travail, et, en fait, les corps d'arts et métiers occupaient la plus large place dans la vie économique aussi bien que dans la vie politique de la commune.

CHAPITRE II

Idée générale : Les Transformations Politiques et Économiques au XVᵉ siècle. — Répercussion sur les métiers.

L'analyse des causes morales, politiques et sociales de la transformation des corps d'arts et métiers, de la fin du XIVᵉ au milieu du XVᵉ siècle, nous a permis de dégager certains résultats et de les considérer comme acquis.

Dans le courant du XVᵉ siècle, la politique royale consiste tout entière à amoindrir le caractère démocratique de la Constitution municipale de Perpignan, à ruiner l'influence politique des métiers.

La bourgeoisie est arrivée à un degré de puissance économique suffisant pour se rapprocher des classes privilégiées. Ainsi se constitue une hiérarchie entre les corps d'arts et métiers : les uns s'organisent en collèges à matricule et vont devenir des corps dirigeants, les autres prennent une nouvelle physionomie, et sous la forme de confréries d'arts et métiers seront des corps subordonnés.

Pendant la première période du régime de l'autonomie corporative, les métiers, à peu près égaux au point de vue de leur représentation politique, sont ouverts à tous, ne cherchent qu'à garantir une fabrication sincère et loyale : leur administration est indépendante, dans une large mesure, de toute réglementation d'autorité.

Au contraire, pendant cette deuxième période, la vie sociale change d'aspect : *en face des classes fermées et privilégiées, s'organisent des corps de métiers fermés et privilégiés.*

La Corporation établie sous la forme du monopole, la prédominance des collèges à matricule dans l'administration de la Commune, enfin la subordination, constante jusqu'à la Révolution, des offices mécaniques aux professions supérieures, tels sont les trois traits caractéristiques de la deuxième partie de l'Histoire des Corps d'arts et métiers en Roussillon.

Tandis que la libre expansion, l'autonomie intérieure des métiers subissait une grave atteinte par suite des circonstances locales déjà indiquées, les événements extérieurs vers la fin du XVe siècle, lui portaient le plus rude coup en restreignant leur puissance de rayonnement économique.

La conquête de Constantinople par les Turcs, en 1453 ; la découverte de l'Amérique, dont le résultat fut de diminuer l'importance du commerce du Levant, auquel les navigateurs catalans se livraient depuis plusieurs siècles ; le développement et la concurrence de la puissance commerciale des Vénitiens, dont la souplesse hardie ne prit aucun ombrage de la conquête ottomane de Rhodes et de l'établissement des régences à Tunis et à Alger, où les Catalans avaient des comptoirs (1) ; enfin l'occupation du Roussillon par les Français, de 1462 à 1493, « véritable désastre comparé à la prospérité du Roussillon pendant les trois cent ans de domination aragonaise (2) », voilà les assauts répétés et mortels que la production économique de notre province allait avoir à soutenir. Les débouchés commerciaux de l'industrie se trouvant réduits, le contre-coup de cette situation nouvelle ne tarda pas à se répercuter sur les métiers (3). Le Roussillon fut enserré en quelque sorte dans un cercle de fer. Ses rapports commerciaux furent altérés ou rompus : d'un côté la Catalogne, en haine de la France, imposait des taxes excessives sur les produits industriels et manufacturés de

(1) Les causes de la décadence de l'industrie et du commerce en Roussillon ont été mises en lumière avec une remarquable netteté par Renard de Saint-Malo, dans l'étude que nous avons déjà citée sur le commerce de la draperie. Voir en particulier le n° 46 du *Publicateur*, année 1833 : « Dès 1475, les Vénitiens, en embrassant le parti de la reine Catherine, mère de Jacques II, exerçaient une très grande influence sur l'île de Chypre dont ils obtinrent, quatorze ans après, la possession définitive (p. 182). » C'était un nouveau débouché fermé.

Après la conquête de l'Amérique, les Catalans, ne trouvant point à bénéficier sur leurs retours de ces parages, s'éloignèrent insensiblement des rivages d'Afrique, et ainsi les produits de nos fabriques perdirent un autre débouché.

(2) Gazanyola. *Histoire du Roussillon*, op. cit., p. 305 à 307.

(3) La politique de Louis XI fut une véritable « politique de provocation », dit M. P. Vidal, *Histoire de Perpignan*, op. cit., p. 339. « Sous prétexte de confirmer les privilèges des Perpignanais, il diminua les libertés et prérogatives municipales », si bien que les habitants se rebellèrent par deux fois, en 1472 et en janvier et février 1473 (V. p. 317 à 340). — V. Gazanyola, op. cit., p. 306 et 307. Comparaison de l'état du Roussillon sous la domination arogonaise et la domination française.

toute la province, de l'autre, le Languedoc résistait à l'importation des draps du Roussillon (1).

Les corps de métiers traversèrent une crise profonde. En 1487, une assemblée de tisserands de drap eut lieu à Perpignan, « ayant pour objet de procurer de l'ouvrage aux plus malheureux et de trouver le moyen de subvenir aux charges d'une corporation naguère si riche et si nombreuse (2) ». Des émigrations d'ouvriers s'en suivirent. En 1332, on avait compté à Perpignan 349 maîtres tisserands. Dès 1477, « en vue d'obtenir une répartition du travail qui s'étendît à tous les bras, une assemblée de 112 maîtres se résigna volontairement à ce que chacun n'eût à faire fonctionner qu'un seul métier à tisser (3) ».

*
* *

Écrasés par les charges fiscales dues aux guerres continuelles de la fin du XVe siècle, désormais sans

---

(1) *Histoire du Languedoc*, éd. Privat, T. V, p. 81 à 103. Dès 1424, les Languedociens avaient porté leurs doléances auprès du roi (V. H. du Languedoc, T. IV, preuves 186, art. 17, Cahiers de doléances des États). En 1508, ils décidèrent, de leur propre autorité, de ne plus recevoir nos draperies.

(2) Gazanyola, op. cit., p. 307. « Dans un projet de réglement pour la Corporation des tisserands.... on trouve la preuve qu'un grand nombre de ces ouvriers, pour se soustraire aux impôts, aux emprunts, au service qu'on exigeait de la Corporation, l'avaient quittée et s'étaient retirés à Florence et en d'autres pays, et y avaient apporté l'art de fabriquer les cadis qui n'y étaient pas connus. Cet art fit de tel progrès dans cette ville, que les Florentins, qui auparavant recevaient de Perpignan toutes les étoffes de ce genre, en interdirent l'entrée dans leur pays. »

(3) Renard de Saint-Malo. *Quelques pages de nos annales industrielles. Bullet. de la Soc. Agr.*, etc., année 1851, p. 30.

influence sur l'organisation politique de la commune,
qui eût pu leur permettre de mieux défendre leurs intérêts, les corps de métiers se trouvèrent confinés dans le
domaine d'une activité économique restreinte encore
par la perte de ses anciens débouchés. Organisés sur le
type des corps fermés, ils devaient naturellement se
laisser entraîner par la tendance générale du Moyen-
Age à créer des privilèges ; ainsi, par la force même
des circonstances, ils étaient portés, comme dans tous
les autres pays, à concevoir le travail, non pas « comme
une faculté naturelle et personnelle, mais comme un
privilège collectif (1) ».

« Le droit de travailler, érigé de fait en monopole (2) »,
tel est le caractère décisif des institutions corporatives
du Roussillon, depuis notre époque jusqu'à la Révolution. Nous sortons de la période la plus vivante de leur
histoire pour rentrer dans celle, plus monotone, plus
uniforme, de la règlementation administrative, étroite,
exclusive et privilégiée.

Nous étudierons d'abord, dans ce chapitre consacré à
décrire le *type* nouveau de l'organisation intérieure corporative, la catégorie de personnes qui le composent,
c'est-à-dire le personnel et sa hiérarchie. Dans une
deuxième section, nous montrerons les rouages de son

---

(1) Deschanel. *Le Peuple et la Bourgeoisie*, op. cit., p. 76.

(2) Cette formule générale, si lumineuse, résume le trait essentiel des anciennes institutions du travail en France. Cf. Hubert-
Valleroux, *les Corporations d'arts et métiers*, op. cit., p. 14 : Au
Moyen-âge, « toute fonction devenait bientôt héréditaire et la propriété d'une famille ». La noblesse, les anciennes fonctions de
l'État, les fonctions municipales, le droit exclusif d'exercer une
profession, toutes ces charges devinrent, en règle générale, héré-
ditaires.

administration ; enfin, nous passerons à la réglementation du travail et de la vente.

SECTION PREMIÈRE

COMPOSITION OU PERSONNEL.

On a constaté, dans l'organisation des corporations au Moyen-Age, fondée sur une puissante hiérarchie, que pour arriver au degré suprême, à la qualité de maître, il fallait avoir franchi les échelons inférieurs d'apprenti et de compagnon ou valet.

Les documents de nos archives sont presque muets, jusqu'au XVIII⁰ siècle, sur les compagnons, et, à partir du XV⁰ siècle, nous l'avons constaté, pour être reçu maître, on n'exige simplement qu'une constatation authenthique d'apprentissage : le rôle des compagnons serait donc presque effacé.

Mais, n'anticipons pas, et examinons successivement les conditions de l'apprenti, du valet et du maître.

§ I. — Apprentis.

Le premier privilège royal, relatif à l'organisation nouvelle des offices de métiers, porte la date du 14 octobre 1493 (1). Il fut accordé aux corporations des cor-

(1) Nous en avons trouvé la traduction aux Archives commu-

donniers, tanneurs et corroyeurs du comté de Roussillon
et de Cerdagne, *à la demande* générale des « surposés »
de ces métiers dans les « villes de Perpignan et de
Villefranche-du-Conflent » et d'autres villes et villages
de ces vigueries.

Il est à peine besoin de rappeler que l'apprentissage
n'était pas obligatoire et ne donnait aucun titre officiel jusqu'au XVe siècle ; que le premier métier où on
l'exigea fut celui d'apothicaire en 1381 (1). D'autre part,
en 1488, nous en avons la preuve certaine, les arts mécaniques sont exercés librement et *sans apprentissage
préalable* et nécessaire (2).

Le privilège de 1493 est donc le premier en date, à
notre connaissance, qui ait rendu l'apprentissage obligatoire et général dans la province pour des corporations très importantes. *Il est dû à l'initiative des chefs
de métiers :* le roi a seulement donné à ses articles
la force exécutoire (3). Les chefs de métiers prétendent

nales de Vinça, dans la série HH. 1, sous la rubrique suivante :
« Traduction du Privilège accordé par don Ferdinand, roy de Castille et d'Aragon, aux maîtres cordonniers, tanneurs et corroyeurs,
le quatorze octobre mil quatre cens quatre-vingt-treize, lequel se
trouve entre les mains des sieurs surposés des maîtres cordonniers,
tanneurs et corroyeurs de la fidelle ville de Vinça... » La traduction est de 1648. Nous publions ce texte en appendice.

(1) Voir la première partie de notre étude.

(2) Arch. comm. de Perpignan, BB. 7, fo 385. Ordonnance du
18 septembre 1488 : « Com entre les altres arts mécaniques sia molt
alt e subtil l'art e offici de fusters, e la mes part del temps la vida
humana se reposa en e sota les obres e ediffícis fetz per dits fusters, la qual art es vuy tant vilipendit que, *en continen algu pot
ab picassa fusterejar,* se asséreix mestre en dita art e atempta
parar botigua e obrar moltes obres dignes de esser cremades. »

(3) *Privil. de Ferdinand d'Aragon.* 1493 (V. Appendice). « Les
surposés et chefs de métier... ordonnèrent, les années passées,

qu'il est nécessaire de supprimer les abus produits par l'insuffisance de quelques ouvriers ou de gens peu expérimentés (art. 2), ce qui cause un grand dommage au bien public.

Désormais, dans toute ville ou village des vigueries de Roussillon ou de Conflent, nul cordonnier, tanneur ou corroyeur, ne pourra ouvrir boutique, sans avoir été d'abord apprenti et passé un examen. *Voilà le principe nouveau sur lequel reposera la Corporation.*

Les conditions d'apprentissage ne sont pas rigoureuses. Il suffira au candidat à la maîtrise d'avoir « travaillé pendant quatre ans chez un maître des dits métiers, où il voudra rester » (art. 2). Le privilège de 1493 ne parle ni de l'âge de l'apprenti, ni de l'apprentissage en lui-même. C'est que les institutions ne changent jamais brusquement, et les habitudes de liberté de la première période survivaient à une forme du travail qui commençait à disparaître.

D'autres documents postérieurs nous fourniront plus de détails. Les statuts des notaires (1), par exemple, en 1509, nous indiquent quelques règles de l'apprentissage. Les mesures restrictives apportées à l'exercice d'une profession, seront, désormais, celles de l'intérêt public, « lo gran be, conservacio y augment de la cose publica (2) ». Pour les notaires, *la durée* de l'appren-

---

entre eux, les articles qui sont à cet effet nécessaires, supliant à Votre Altesse de vouloir autoriser, confirmer et ordonner d'observer lesdits articles. »

(1) Arch. comm. de Perpignan, BB. 8, fᵒ 1. Ordinacio dels notaris (1509).

(2) Ibid. Dans presque tous les statuts, de 1500 à 1700, nous avons noté la répétition de cette mention.

tissage est de quatre ans. Mais l'apprenti sera tenu de
résider chez un notaire « examiné », d'y manger et d'y
boire, absolument comme s'il était de la famille (1).

Telle est la condition *sine qua non* pour être admis à
subir l'examen : il faut avoir été le commensal habituel
d'un notaire de la ville, au moins pendant trois ans
sans interruption. Le privilège fait aussi son apparition,
car les fils de maîtres demeurent exempts de cette règle.
Dans tous les cas, il est défendu de subir l'examen
avant l'âge de 25 ans : la période de noviciat pouvait
donc durer jusqu'à ce moment.

L'obligation de travailler chez un maître est pour
l'apprenti une règle fixe. Nous en trouvons la confirmation dans tous les documents jusqu'à la Révolution (2). Le maître doit le nourrir et lui montrer le
métier.

Dans le petit nombre de contrats d'apprentissage que
nous avons eus sous les yeux, on ne parle pas de *redevances* dues au maître. Un contrat d'apprentissage du
10 juin 1667 (3), entre Antoine Garsu et maître Sébas-
tien Torrelles, nous apprend même que le maître le
reçoit « gratis et per tempus et spatium sex annorum ».
Le maître est tenu de le nourrir tant s'il est en bonne

---

(1) Ibid. Voici le texte même. « *Sia tingut...* star, habitar, e
fer continua residencia, menjant y bevent ab algun notari o notaris examinats, *com a familia* jove continu comensal. »

(2) Voici quelques exemples : Arch. comm. de Perpignan, HH. 7,
fº 19, en 1602, « que ningun jove sastre no puga travaillar, si no en
case de mestre examinat ». BB. 8, fº 180 en 1620, statuts des
Adroguers. — Arch. départ., série E, non classée, 1667, Tenders ;
apprentissage de Anthon Garsu. — C. 1542, Extrait du livre des
maîtres Paillers, en 1717.

(3) Arch. départ., série E., Tenders et Ollers.

santé que malade (1), cependant à condition que la maladie ne dure pas longtemps. C'est une curieuse exception.

L'apprenti paye toujours des droits d'entrée à la Confrérie ; les maîtres doivent exiger le recouvrement de ces taxes, dont ils sont responsables vis-à-vis de la Confrérie, et sans le paiement desquelles ils ne peuvent recevoir d'apprenti (2). Pour prévenir les fraudes, les maîtres déclareront l'entrée du nouveau membre à la Confrérie, deux jours après l'acte d'apprentissage ; l'argent sera confié à deux personnes élues « dos persones elegidores » qui le verseront à la Caisse du trésorier (3). On voit quelle était la puissance des individus vis-à-vis de la Communauté.

Le maître conserve le droit de garder l'apprenti pendant toute la durée du contrat (4). S'il part, les parents devront le faire revenir sous peine d'amende. Il lui sera interdit de travailler ailleurs, et le maître qui l'aura reçu, sera passible d'amende.

Ainsi, en résumé, à partir de 1493, l'apprentissage

---

(1) Ibid. « Mestre Torrelles sia tingut y obligat... en alimentar al dit Gascu dels alimens necessaris de menyar y beurer tan antsoliment en sanitat com en malaltia ».

(2) Arch. comm. de Perpignan, HH. 7, fo 19 vo, « Qalsevol jove o persona que's volra posa per apranent de dit offici haye de pagar à la dita confraria *deu sous de intrada, y que ningu mestre examinat no pugue rebre* ningun apranent, que primer haye fet pagar dits deu sous a dita confraria ». Sinon « *haye de pagar del seu propri*, dits deu sous ».

(3) Ibid., HH. 7, fo 23. Règlement de 1610.

(4) Arch. départ., E., Tenders, 1667, pièce citée, « Garsu ne s'en podra anar de casa dedit Torrelles durant six anys, » — E., Velers, Veluters, 1625, « l'apprenti qui quitte la maison du maître paiera 20 livres à son retour ».

devient obligatoire, et tous les métiers l'exigent comme condition d'admission à la maîtrise. Les statuts sont très sobres de renseignements sur cette institution dont les formes paraissent avoir été très simples (1).

La durée variable de la période d'épreuves destinées à garantir les connaissances techniques des artisans, l'absence de limitation du nombre des apprentis (2), les redevances payées à la communauté plutôt qu'au maître (3) dont les sacrifices étaient surtout compensés par le droit de jouir du fruit du travail de son disciple pendant une durée obligatoire, telle est la nature essentielle de l'apprentissage. Les rapports de maître à apprenti devaient être très démocratiques à raison du caractère égalitaire de l'esprit catalan ; d'autre part, le peu d'étendue de la production, la résidence, dans la même commune, des parents de l'apprenti et de son maître devaient donner à cette institution un cachet nettement familial. Et c'est ce qui expliquerait la sobriété des renseignements sur ce point (4).

---

(1) Les contrats d'apprentissage, toujours notariés, se trouvent dans les registres des notaires. Mais nous n'avions pas la compétence nécessaire pour nous livrer à ce long et difficile travail de dépouillement. D'ailleurs les copies que nous avons eues sous les yeux contenaient les mêmes indications, bien qu'établies à des époques différentes. Elles exprimaient donc des conditions et des règles générales.

(2) Arch. comm. de Perpignan, HH. 7, f° 23, « que Qalsevol mestre... que pindra ningun *aprenent o aprenents* ».

(3) Il en était d'ailleurs ainsi en France. V. Etienne Martin-Saint-Léon, les *Corporations de métiers*, op. cit., p. 78.

(4) Nous répétons cependant qu'on ne connaîtra *avec certitude* les conditions du contrat d'apprentissage en Roussillon que le jour où l'on aura dépouillé les milliers de registres des archives notariales.

§ II. — Valets.

Il est difficile de déterminer avec précision le rôle des ouvriers qui, n'étant ni apprentis ni maîtres, exerçaient cependant une profession. En France, l'obligation pour les artisans, de faire un stage distinct de l'apprentissage avant de demander leur réception à la maîtrise, s'était introduite seulement à la fin du XVᵉ siècle. En Roussillon, la première ordonnance *qui les signale* porte la date de 1602 (1).

Mais cela est certain, d'après tous les documents du XVIᵉ, du XVIIᵉ et du XVIIIᵉ siècle, on n'exige qu'une condition primordiale pour prétendre à la maîtrise : le certificat authentique d'apprentissage. Les conditions d'âge du candidat sont subordonnées à celle-là. *Jamais il n'est question d'un temps de stage autre que celui de l'apprentissage.* Pourtant, il y eut des ouvriers qui ne parvenaient pas à la maîtrise, soit parce qu'ils ne pouvaient payer les droits, soit encore, parce qu'ils n'avaient pas les capacités suffisantes ; nous ne pouvons dire leur véritable situation.

De l'acte de 1602 déjà cité, nous sommes en droit de déduire que les valets se trouvaient dans une assez grande dépendance vis-à-vis des maîtres, dont le travail était devenu un monopole. En effet, il est interdit aux maîtres examinés des tailleurs d'avoir un valet, « no puga ni dega tenir mestre baylet », pour aller couper,

---

(1) Arch. comm. de Perpignan, AA. 7, fᵒ 19. Ils sont désignés sous le nom de « baylet ».

chez des particuliers, des étoffes destinées à l'habillement. Il fallait obtenir, auparavant, l'autorisation des
surposés et de la douzaine de l'office, sous peine de
5 livres d'amende.

De même, la veuve, les fils ou les filles d'un, maître
décédé avaient le privilège de tenir la boutique du défunt
ouverte, avec l'autorisation des surposés et de la douzaine. Mais le valet qui représentait le maître (le plus
souvent jusqu'à la majorité des enfants) « devait jurer
devant le surposé que tout ce qu'il couperait ou coudrait
serait au profit de la veuve ou des enfants ». *Le valet
n'avait donc pas le droit de travailler pour lui.* Cette
prescription est renouvelée en 1674 (HH. 7, fᵒ 33 vᵒ).
Pour s'assurer de sa capacité, les surposés et la douzaine
lui faisaient subir un examen (1).

Enfin tout porte à croire que le « jornaler » était
membre de la Confrérie ; mais en raison de ses faibles
ressources, on ne lui faisait rien payer en-dehors du
droit d'entrée. Dans la corporation des « velers, vellu-
ters », ils payaient « vint sous de intrade per sustent y
conservatio de la confraria », et cette fois seulement (2).

L'ordonnance des tailleurs fixait également leur
salaire ; il se réduisait à cinq sous, plus les dépenses,
par jour. Les jornalers ne pouvaient accepter davantage
sous peine d'amende (3).

(1) Arch. comm. de Perpignan, HH. 7, fᵒ 19. « Aucun apprenti
couturier ne pourra faire œuvre de *jornaler* avant d'avoir été examiné comme couturier par les surposés et la douzaine. « On désigne
encore aujourd'hui, sous le nom de jornaler, celui qui travaille à
la journée « al jornal ».

(2) Arch. départ., série E, Velers, Veluters. 22 novembre 1625.

(3) Arch. comm. de Perpignan, HH. 7, fᵒ 19. « No mes de un
real y la dispensa per quiscun die. »

Ces journaliers étaient généralement trop pauvres pour acquérir la maîtrise. Dans des circonstances exceptionnelles, on la leur accordait pourtant, et les maîtres savaient faire fléchir la rigueur des principes lorsqu'ils y trouvaient un intérêt. C'est ainsi, par exemple, qu'en 1701, la maîtrise est accordée au « garçon-esparter », Julien Maldès, du lieu du Soler, « attendu qu'il s'est offert volontiers à faire le service du roy pour ladite confrérie (1) ». On lui confère tous les privilèges accordés à la maîtrise, à condition « qu'il travaille en honnête homme » et soit « obéissant aux surposés ».

En somme, malgré le petit nombre de renseignements que nous possédons, ce principe se dégage des prescriptions relatives aux artisans journaliers : il leur était interdit de louer leurs services à tout autre qu'à un maître du métier (2). Par ce moyen, on évitait la concurrence que des particuliers affranchis des charges de la maîtrise, auraient pu faire aux maîtres des métiers dont le but était de maintenir toujours leur privilège comme un droit exclusif.

§ III. — Maîtres.

Les documents abondent sur les conditions d'accession à la maîtrise ; on les trouve dans presque toutes les ordonnances et règlements de 1493 à 1776.

(1) Arch. départ., série E, Tenders. Acte du 23 mai 1701.
Le service du roi consistait, pour chaque corporation, à fournir un certain nombre d'hommes pour l'armée.
De même, en 1686, Louis XIV avait concédé la maîtrise à tous ceux qui travaillaient pendant quatre ans aux fortifications.
(2) Arch. départ., série E, pièce du 14 juillet 1585. « Consilium

Deux conditions essentielles étaient requises pour devenir maître : justifier de l'apprentissage et subir une épreuve ou examen, afin de prouver que l'aspirant avait les capacités techniques requises.

La preuve de l'apprentissage se faisait par la production d'un certificat authentique (1) délivré par le maître chez lequel l'aspirant à la maîtrise avait fait son apprentissage. L'examen était d'autant plus difficile que le métier ou l'office était plus rapproché des corps privilégiés constitués en collèges. Ainsi, nous l'avons remarqué, les ordonnances qui règlent les conditions de l'examen des notaires (2) et des adroguers ou droguistes, comportent un plus grand nombre de prescriptions et par suite d'entraves, que celles des corps ou offices mécaniques. En les analysant tour à tour nous aurons la constitution exacte de ce genre d'épreuves (3).

Pour passer maître, il fallait donc justifier de l'aptitude à le devenir, et la production d'un certificat d'apprentissage était loin de suffire toujours. On y ajoutait certaines formalités dont le but certain tendait à rendre l'accession de la maîtrise assez difficile pour que le nombre de maîtres se trouvât en fait limité.

Les adroguers exigeaient par exemple un certificat de

tenderiorum super prohibicione ne aliquis sparterius in domo alterius persone que no sit confratrie laborare audeat. »

(1) Arch. comm. de Perpignan, BB. 8, f⁰ 1, notaires (1509), et BB. 8, f⁰ˢ 180 et suiv., Adroguers (1620), « ab certificatio authentica ».

(2) Ibid., BB. 8, 1509, pièce citée.

(3) Nous choisissons comme type, pour notre analyse, les « ordinacions novas fetas per los Illustres senors Consols per la nova confraria o collège de adroguers, cerers y sucrers de dita vila. (BB. 8, f⁰ 180, v⁰, 12 février 1620).

baptême et d'origine du candidat et de ses parents (1).
La question religieuse, à cette époque, avait une haute
importance dans les actes de la vie, et la proscription
permanente des juifs, les guerres de religion, contre les
protestants, expliquent ces formalités exclusives que la
tolérance moderne n'admet plus. Donc, le candidat et
ses parents devaient être catholiques. Après la révoca-
tion de l'Édit de Nantes, la formule était devenue de
style (2) et son observation plus rigoureuse encore
qu'auparavant.

Puis, la confrérie procédait à une enquête sur la vie
et les mœurs du postulant, dans les villes et lieux où
ses parents et lui avaient vécu. Cette enquête était
poursuivie d'après les témoignages, « *testimonial in-
formacio* », par un véritable commissaire, surposé ou
prohom, élu à cet effet par le collège ou la confrérie.
Les frais de déplacement s'élevaient à six réals (3) par
jour dans l'intérieur de la ville, et à douze pour le dehors. Le candidat en supportait la charge, condition très
dure et qui écartait à coup sûr les aspirants pauvres. En
outre « l'examiné » payait le rapporteur. D'après le résultat de l'enquête, le candidat avait dû « pratiquer (4) »,
pendant six ans, chez des maîtres de sa profession et

---

(1) Ibid. « Primerament no haje donada plena prova autentica
y se fahent de son *baplisma*, de hont es natural y que sia christia
vell y los seus. »

(2) Arch. départ., série E, Sparters. Pièce du 23 juin 1701, maîtrise de Michel Daniel. Les deux témoins du postulant « ont déclaré
sous serment qu'il est *bon catholique apostolique et romain* » ;
l'on ajoutait aussi « bon et fidèle serviteur du roi ».

(3) Le real vaut 0 fr. 25 centimes.

(4) Arch. com. de Perpignan, BB. 8, pièce citée. « Haje de haver praticat. »

passer au moins quatre années dans la ville de Perpignan.

Ces conditions remplies, il était examiné par le surposé et par ceux à qui incombait cette charge (1) ; s'ils le trouvaient « habile, suffisant et instruit dans le métier (2) », les examinateurs le faisaient présenter aux consuls qui approuvaient la réception et lui faisaient délivrer une attestation de son examen. Restaient à payer les droits pour la confrérie, les pourboires et les confitures, « propines y confitures », pour les consuls, officiers, surposés et prohoms, en un mot pour tous ceux qui avaient pris part à l'examen (3).

Dans d'autres corps, comme celui des notaires, on prenait des précautions pour donner à l'examen un caractère de sincérité et de loyauté des plus louables. Ni la faveur ni la haine n'y devaient trouver place. Pour ce motif, on permettait, à la simple requête des recteurs ou autres notaires, d'exclure du jury les pères ou parents par alliance des candidats, ou même toute personne suspecte, « sospitosa », disent les textes.

Les formes de l'examen différaient suivant le caractère des métiers. Pour ceux dans lesquels il fallait faire preuve de capacités « manuelles », on demandait généralement la production des pièces fabriquées par le can-

---

(1) Ibid. Le texte ne spécifie pas. Les confrères, tous égaux en droits, étaient élus généralement comme examinateurs à tour de rôle ; c'est du moins ce que nous pensons.

(2) Ibid. « Y essent trobat habil, sufficient y perit. »

(3) Les enquêtes sur la vie et les mœurs avant l'examen se pratiquaient déjà en 1509, avant l'admission des notaires (BB. 8). Les examinateurs prêtaient le serment d'eviter « affectio, subornacions, amistat, odi, ranchor et mala voluntat » pendant l'exercice de leurs fonctions.

didat, auxquelles un acte de 1566 donne le nom de « cap d'obre », ce qui correspond au mot français chef-d'œuvre (1). Cette pratique se conserva jusqu'à la Révolution.

Dans les offices mécaniques, c'est-à-dire dans les métiers manuels, le jury d'examen comprenait toujours le surposé ou chef de métier et des conseillers ou mem-

---

(1)   **22 Août 1556**

Acte de réception d'un fils de Maître.

(Arch. dép., série E, Sparters, Extr. de Port-Jean not.)

Examen Francisci Rubert Sparterii ville Perpiniani.

Convocato officio Tenderiorum et Sparteriorum ville Perpiniani in qua convocatione fuerunt et Franciscus Rubert, filius magistri Bernardi Rubert, quondam sparterii dicte ville qui presentavit dicto officio unum *capdobre*, so es : dos sarries, la una de set vies, l'altre de nou, y un cabas de boher, y una cabassa de moli de olly, et fuerunt sequentes.

Et primo Jacobus Cogonya.
> Gabriel Saury, domine anno presenti suprapositi.
> Demianus Perio, tenderius.
> Josephus Lions, tenderius et teseurarius.
> Bernardus Bellmont, ollerius.
> Franciscus Costeri, sparterius.
> Joannes Serxat, sparterius.
> Petrus Segobre, cotonerius.
> Onofrius Bofill, ollerius.

Omnes superius nominati, videntes « lo Cap de obre » factum per Franciscum Rubert, illum pro magistro examinato dicti officii sparteriorum habuerunt et contulerunt sibi licenciam parandi botigiam de sparte intus presentem villam Perpiniani et facere et contribuire, etc., attento, etc., filius magistri examinati dicti officii.

Habuerunt, etc.

Testes : Joannes la Bulla, calsaterius Perpiniani.
> Joannes Ay et Jo Franciscus, J. Port, scriptor, qui, etc...

bres de la confrérie élus (1). Quelquefois, lorsqu'il s'agissait de juger un chef-d'œuvre, on convoquait tous les confrères et on leur demandait de voter (2).

En définitive, les maîtres de chaque métier se réservaient à eux seuls la faculté d'admettre ou de refuser les nouveaux candidats. Bien qu'il n'y eût aucune limitation de droit au nombre de membres à recevoir, leur intérêt leur dictait de ne pas restreindre le monopole dont ils bénéficiaient ; aussi augmentaient-ils ou diminnaient-ils les difficultés de la réception suivant l'état ou les besoins de leur corps.

Une autre condition pour être reçu maître consistait à payer certains droits fiscaux, et les métiers du Roussillon semblent avoir maintenu leur monopole bien plus par des mesures de ce genre, que par les difficultés du chef-d'œuvre. Nous n'en voulons d'autre témoignage que celui qui ressort de la lecture des textes. Il est fort peu d'ordonnances qui ne remanient constamment ces droits d'entrée (3). D'autre part, tandis que les fils de maîtres étaient tenus de faire le chef-d'œuvre et restaient soumis à l'examen, la plupart des statuts leur accor-

---

(1) Arch. départ., série E. — Pièce du 23 juin 1643 : Examen de S. Torrelles oller. — Pièce du 8 février 1691 : Examen de Jaume Rovira, tender.

(2) Ibid. Pièce du 19 septembre 1695 : « Convocation, par les surposés, de tous les maîtres ollers et sparters de la confrérie pour la réception de François Comella », et 17 septembre 1695 : Maîtrise d'Emmanuel Terrats.

(3) De 1560 à 1700 nous avons relevé, dans la série HH. 7 (Sastres) 16 ordonnances où il est question des droits d'examen. En 1566 (fo 18 vo) les consuls s'élèvent contre les abus des examinateurs' qui, en plus des taxes fixées, se font donner par les candidats, des collations « de tortells, y de vi, y bocals, y taces ».

daient la dispense totale ou partielle des droits souvent élevés (1). Les réceptions faciles des fils de maîtres, en conservant aux mêmes familles le monopole du métier, et, en quelque sorte, par hérédité, dispensaient d'accepter trop de nouveaux venus. D'ailleurs, l'âge d'or des métiers, en Roussillon, était passé ; la consommation locale suffisait à leur activité ; aucun document ne nous a révélé des traces de conflits et de luttes comme il s'en produisit en France, par suite des conjurations de compagnons. Il n'y eut en Roussillon, entre les corps d'arts et métiers, que des querelles de prédominance politique.

(1) Voici quelques-unes des ordonnances dans lesquelles on trouve ces dispenses :

Arch. comm. de Vinça, HH. I. Privilège 1493, pièce citée, « les anfans des maîtres... ne payeront rien à leur réception ».

Arch. comm. de Perpignan, BB. 8. Ord^{ce} des notaires, 1509, pièce citée. Ils ne sont pas soumis au stage qui tient lieu d'apprentissage et conservent le droit de tenir l'étude de leur père défunt. avant d'avoir été reçus notaires par le collège.

Ibid., HH. 7. Ord^{ce} sastres, 1566, « sien admesos en aquelle, sens pagar ninguna cosa ».

Ibid., BB, 8. Ord^{ce} adroguers, 1620. Les fils de maître sont soumis à l'enquête, à l'examen, mais ne payent que la moitié des droits.

Arch. départ., E, texedors, 1638. Il est juste et raisonnable qu'on les préfère à d'autres, « es mol just y rahonabla... que l's dega præferir als altres que no son fills de mestres ».

Ibid., E, sastres, 1746. Maîtrise de Jean Viguier. Comme il a épousé *la fille d'un maître* il payera la moitié des propines et droits.

Comme on le voit, la pratique de ce système de faveur pour les fils de maîtres est constante. D'ailleurs, nous croyons pouvoir dire, après nos recherches, que le type corporatif, une fois constitué en commencement du XVIIe siècle, ne varie plus dans sa constitution fondamentale.

Les droits d'admission à la maîtrise représentent, en quelque sorte, l'achat du métier et des privilèges qui y sont attachés. L'acte de 1493 relatif aux tanneurs et corroyeurs les a caractérisés, selon nous, en les appelant *« valeur-réception des dits métiers* (1) ».

D'habitude, ces droits avaient une double destination. Ils étaient consacrés, en partie, à l'entretien de la confrérie, au paiement des dépenses occasionnées par la participation aux cérémonies religieuses. Aussi, comprenaient-ils presque toujours des dons en nature, cierges, « atxas », destinés aux illuminations (2). Dans l'état des corps et confréries au XVIIIe siècle, nous verrons même que les modestes revenus des corporations sont employés à l'entretien de la chapelle.

La seconde partie des taxes d'examen était consacrée à payer les maîtres examinateurs (3). Des abus s'intro-

(1) Arch. com. de Vinça, pièce citée. Voir l'Appendice.

(2) Ibid,, 1493. « Un tiers des droits de réception sera employé pour l'illumination de la confrairie. »

— Arch. com. de Perpignan, HH. 7, f⁰ 26 (1627). Les candidats paieront « una atxa de cera groga de pes de sis lliures de cera ». (Sastres).

— Ibid., BB. 8, f⁰ 214, v⁰. Fabres, 1632. Six livres pour les « naturels » et 7 pour les étrangers.

— Arch. départ., E., 8 février 1691, huit livres de cire blanche — et, 19 mars 1746, maîtrise de Jean Viguier, « un flambeau de cire blanche du poids de six livres, qu'il a aussi donnés ».

(3) Dans un seul acte seulement, le roi reçoit une partie des droits d'examen. C'est dans celui de 1493. Peut-être les surposés, qui avaient fait eux-mêmes les réglements que le roi sanctionna en les transformant en privilèges, voulaient-ils, par ce moyen, l'intéresser à la concession demandée. Nous savons, quelle que soit la valeur de cette hypothèse, que les rois de France ne se firent pas faute de mettre à profit l'organisation des corporations, pour percevoir des droits fiscaux à chacun de leurs actes. C'est même une

duisirent de bonne heure de la part des maîtres, qui exagéraient les frais (1). Les consuls firent souvent des ordonnances pour les fixer, mais leur fréquence même, prouve leur insuccès.

Les étrangers n'étaient pas exclus de tout droit à la maîtrise ; on se contentait de la rendre plus difficile pour eux en majorant les droits de réception. Cette règle fut bientôt érigée en principe ; on la faisait fléchir dans des circonstances exceptionnelles, comme, par exemple, lorsque les confréries périclitaient (2) ou que le roi voulait récompenser les services publics que lui avaient rendus des ouvriers en travaillant à la construction des remparts de la ville ou aux forteresses (Arch. dép. C. 1541).

Le dernier acte à accomplir pour être définitivement reçu maître après avoir passé l'examen et payé les droits, c'était de prêter le *serment* professionnel (3).

Les actes de réception à la maîtrise contiennent d'ha-

des causes des dettes et de la ruine des corps d'arts et métiers sous l'ancien régime.

(1) Arch. com. de Pèrpignan, BB. 8, fᵒ 219, Flaquers (31 janvier 1631). Comme l'expérience a prouvé que la coutume de donner des collations aux « sobreposats, conseillers y prohoms y als qui assisteyxen en dit examen » est pernicieux, les consuls décident de fixer un salaire certain pour toutes les offices de la ville, « conforme esta estatuit en les demes confrarias dels demes *officis mechanichs de la present vila* qui tenent taxat salari cert ab propina de dîner ».

(2) Ibid., HH. 7, fᵒ 29, 1635 : « Per raho de la contagio era en la present vila per esser sa morts moltissims confrares, eran vingudas a molt menos de manere que no pot commodament sustentar... », et BB. 8, fᵒ 191, vᵒ : Ordinacio dels Flaquers.

(3) Le serment est le lien moral par excellence des institutions corporatives du Moyen-Age et des temps modernes jusqu'à une

bitude le jour et la date, le nom des membres du jury
d'examen, le nom du candidat, la confirmation de l'examen, et, dans certaines industries, la marque particulière affectée au nouveau confrère, avec la caution qui
garantit le paiement des droits de maîtrise. Tous ces
éléments sont plus ou moins explicitement indiqués.
Mais ce que l'acte de maîtrise mentionne toujours, c'est
que le récipiendaire a prêté le serment, a juré de conserver les privilèges et ordinacions de l'office dans lequel
il est admis (1). Au XVe siècle, comme au XVIIIe,
cette pratique est constante. Comme exemple, on peut
citer l'acte d'admission à l'office des tisserands en date
du 2 janvier 1560, que nous publions en appendice. Au
même titre, nous signalons ci-dessous (2) quelques
autres références de date assez éloignée. Ce sont simplement des points de repère dont les statuts précisent

époque assez proche de la Révolution. Cela a permis de définir
ainsi la corporation : « Un métier au XIIIᵉ siècle, c'était une association d'artisans exerçant une même industrie, *s'engageant sous
la foi du serment*, à observer les réglements prescrits et à se soumettre à l'autorité des jurés chargés de la surveillance ». M. Du-
fourmantelle, *Législation industrielle*. Paris, Giard et Brière,
1893, in-8.

(1) Arch. départ., série E, texedors, 1560. « Ha promes y jurat
enpoder de dits honorats sobreposats, conservara los privilegis y
ordinacions de dit offici. » V. appendice.

(2) Arch. comm. de Perpignan, BB. 8, fᵒ 1 (1509), notaires ;
BB. 8, fᵒ 180, adroguers BB. 8, 214, fabres.

Arch. départ., E. Ollers (23 juin 1643 et 19 sept. 1695).
« E present lodit Joseph Comellas, acceptant lo honor y merce li
es estada feta per dits sos confrares, conve y promet a portarse be
y llealment en lo exercici de dit son offici complir ab ponctuali-
tat a tot lo apostat per las ordinacions y costums de dita present
confraria. » — E. (19 mars 1746). « A cet effet sera admis, et a juré,
etc... »

l'importance, en témoignant que cette institution du serment n'a pas changé de caractère pendant trois siècles.

Le serment était prêté devant les consuls pour les offices supérieurs (notaires, adroguers), devant les surposés pour les offices mécaniques.

Comme on le voit par cette analyse, les maîtres avaient transformé le droit de travailler en un véritable monopole, et les garanties qu'ils s'étaient données à eux-mêmes leur en assuraient la possession.

La sanction de toutes ces règles ne manquait pas de rigueur. Elle se ramène aux trois éléments suivants :

1º Amende à tout contrevenant et interdiction générale d'exercer la profession à titre de maître ;

2º Confiscation de la marchandise ;

3º Interdiction de fournir la matière première au contrevenant.

Le privilège royal de 1493 contient déjà tous ces principes, destinés à se perpétuer jusqu'en 1789. « Et si quelqu'un faisait tant d'avoir boutique sans avoir été apprenti... et sans estre examiné comme il faut, encourrira l'amande de deux marchs d'argent... » L'article 4 déclare que celui qui ne sera pas maître « ne pourra avoir, en des vigueries, de cuirs apprêtés ni des souliers sous la peine de un march d'argent et de confiscation des dits cuirs ». L'article 6 spécifie que les maîtres ont le droit de fabriquer seuls certains produits. « Plus qu'aucun savetier ne pourra faire ni avoir, pour vendre, des souliers neufs, à peine de confiscation... »

Nous n'insistons pas sur ces mesures de coercition tant elles étaient générales, et il n'y a aucun doute que leur observation ne fût rigoureuse, car elle reposait sur l'esprit de privilège, qui est comme une sorte d'égoïsme collectif.

Les autorités chargées de veiller à l'observation des règlements qui déterminaient les conditions de la maîtrise étaient assez nombreuses et s'échelonnaient dans un certain ordre.

D'abord les surposés étaient les gardiens-nés de la corporation et, le plus souvent, ils devaient connaître, empêcher ou dénoncer les violations des statuts, sous leur propre responsabilité. Ainsi, dans la confrérie des *fabres*, les surposés « guarden y serven guardar y observar fassan com nos ab tenor de les presents ordinacions, çots le pæna de deu lliures per quiscuna vegada qui sera contrafet (1) ».

Au-dessus du surposé était le consul ou le sindic de l'Hôtel-de-Ville dont le droit de police générale s'étentait à toute la cité.

Enfin, les officiers ou procureurs du roi avaient mission d'exercer leur surveillance, sur toute l'étendue du territoire dépendant de leur administration (2).

Ainsi donc, la composition d'une corporation à notre époque ne différait guère, en Roussillon, de celle qu'il est convenu d'appeler « la corporation classique ».

Toutefois, les indications générales que nous avons déduites de la lecture des textes seront sans doute com-

---

(1) Arch. comm. de Perpignan, BB. 8, fᵒ 214 vᵒ. Ordinacio dels Fabres.

(2) Arch. comm. de Vinça, HH. 1. Privilège de 1493, pièce citée. « Mandons aux gouverneur et procureur du roi du compté... que tous les susdits articles, notre approbation et confirmation d'yceux et tout le contenu en ces présentes, ils ayent à faire garder, observer et exécuter selon leur forme et teneur... »

plétées le jour où le dépouillement des archives notariales aura mis à découvert des trésors d'informations
encore enfouis à cette heure.

SECTION II

ADMINISTRATION.

Nous connaissons les éléments essentiels de la composition des offices de métiers ; il s'agit maintenant de
savoir quels membres se trouvaient chargés par délégation, d'exercer le droit d'administrer au nom de
tous.

Trois personnes accomplissent les actes essentiels à
la vie de la Corporation : les surposés, les sindics, les
trésoriers.

§ I. — Surposé.

La réforme de 1395 sur le mode d'élection des surposés des métiers de la ville (1) avait été complé-
tée par celle de 1449, qui faisait désigner les sobreposats par le sort deux fois consulté. Ce principe sub-
sista pendant longtemps. Nous le trouvons dans un

(1) Voir la première partie de cette étude : *Vie extérieure de la
Corporation.*

acte de 1485 (1) comme dans d'autres bien postérieurs.
En 1620 (2), c'était encore le mode général de nomination adopté par tous les collèges et confréries de la
ville, « en los demes colleges y confraries ». Dans ce
système, quelques jours avant la nativité de Saint-Jean,
le sobreposat et chaque membre, « lo sobreposat y sin-
gular de dit collegi », élisaient quatre personnes, soumises à la juridiction du bayle. Leur nom, écrit sur une
bande de parchemin, était placé dans un étui en bois et
enfermé dans une bourse. La veille de la Saint-Jean
celui qui sortait de la bourse le premier, désignait le
surposé.

Les chefs de métier furent toujours élus par leurs
confrères suivant le mode de « l'extraction (3) » que
nous venons d'indiquer, appliqué surtout dans les offices
qui comptaient beaucoup de membres ; parfois, dans
les offices peu importants, leur nomination se faisait
directement. Jamais les chefs de métier ne furent imposés par le pouvoir politique, et en 1763 (4), le procès-
verbal de l'assemblée annuelle des maîtres vanniers,
bourreliers et bastiers nous prouve que l'administration
et l'organisation des corps de métiers ne différaient en
rien d'essentiel de ce qu'elles étaient au XVIIe siècle.
Les confrères convoqués « d'ordre et commandement
du surposé » élisent le nouveau surposé et le trésorier

(1) Arch. départ., E, Tixedors, 20 juin 1485. Il y a toujours eu
deux surposés par office.

(2) Arch. comm. de Perpignan, BB. 8, fo 180.

(3) Arch. départ., E, Tixedors de lli. 25 juin 1646 : « Consilium
textorum lini, ad faciendum *extrationem* officiorum dicte confratrie.

(4) Arch. départ. Série C. 1056 (10 août 1763).

après la vérification de leurs comptes. Nous n'avons trouvé, dans aucun document, la trace d'un changement radical dans le système d'élection des surposés ou chefs de métier.

★
★ ★

Les fonctions et pouvoirs du surposé étaient multiples. Au XVIᵉ siècle, comme au XVIIIᵉ, il convoque les confrères après avoir obtenu l'autorisation du bayle jusqu'en 1648, et du conseiller du roi sous la domination française (1). Les surposés ont encore le droit de permettre d'ouvrir boutique (2), notamment aux veuves ou aux fils de maîtres qui n'ont pas subi l'examen.

Ils font les propositions utiles à la bonne administration de leur confrérie ; en un mot, ils représentent l'office dans tous les actes de gestion et d'administration. A la fin de l'année ils doivent rendre compte de leurs actes, car ils sont seulement les *mandataires* de la communauté. Dans les offices où ils étaient seuls administrateurs, ils cumulaient les fonctions de sindic et de trésorier.

§ II. — Sindic.

Les charges de l'office devenaient de plus en plus lourdes à mesure qu'augmentait le nombre des mem-

---

(1) Ibid., E, Tenders, 2 décembre 1687. Voici la copie d'un modèle d'autorisation : « Ab lo present, donam permissio als sobreposats de tenders de poder ajuntar consell y tractar affers de la Confraria ab assistencia del cap de guaite. »

Fet à Perpinyna a 2 de decembre 1687. Dalmau balle.

(2) Ibid. Registre de 1598 à 1616.

bres et son importance. Aussi, pour alléger la besogne
et la responsabilité du surposé, on lui adjoignit un
sindic élu, chargé spécialement d'un pouvoir général
de police. Le surposé ordonnait, le sindic faisait exécuter. Son rôle essentiel se bornait à surveiller la
stricte observation des ordonnances et réglements, et
à contraindre les personnes à qui l'on avait infligé des
pénalités, à se soumettre aux mesures disciplinaires
prises contre elles (1). Les sindics assistaient les surposés dans leurs fonctions, étaient renouvelables annuellement; comme eux, ils rendaient compte de leurs actes
à la confrérie dont ils étaient membres.

§ III. — Trésorier.

Les comptes de la corporation se compliquaient lorsque les membres étaient trop nombreux, comme par
exemple dans les offices des pareurs de drap, des jardiniers, des tenders, etc. L'administration financière de
la Communauté était alors confiée à un trésorier élu
et renouvelable annuellement (2).

En raison de l'importance de ces fonctions et de la responsabilité qu'elles comportent, on avait établi certaines

---

(1) Arch. départ., E, Tenders, 18 juillet 1672. « Les consuls
ayant séparé la Confrérie des ollers de celle des tenders, le sindic
fait défense à ceux-ci d'assister aux fêtes et processions de la confrérie, tant que les ollers y prendront part, « tant com hi seran
dits ollers ».

(2) Dès 1472, les tisserands avaient un trésorier (Arch. départ.,
E, tixedors); en 1581 les tenders nommaient un trésorier et deux
boursiers : l'un ordonnançait les paiements et les autres tenaient
la caisse et payaient.

garanties en faveur des trésoriers sortants et entrants. Un inventaire était dressé après la reddition de comptes et leur approbation par la confrérie. Le trésorier sortant le communiquait à son collègue entrant, lequel, après vérification, lui en donnait décharge, en s'engageant à son tour à restituer, à la fin de son mandat (1), tout ce qui appartiendrait à la confrérie.

Chaque trésorier agissait sous sa responsabilité propre garantie par ses biens dans le cas de malversations. Aussi certains essayaient-ils de se soustraire à cette obligation fort lourde. Mais des sanctions sévères contraignaient le trésorier élu, à accepter la charge que ses collègues lui conféraient (2). L'exclusion était la conséquence du refus d'accepter, et cela signifiait la perte du droit de travailler pour son compte. Cette seule menace brisait toutes les résistances. Plus tard, on autorisa les trésoriers élus à payer un droit à la confrérie pour ne pas remplir les charges que le sort leur avait assignées. « Il est permis, par les ordinacions de ladite confrérie, à tous ceux qui seront nommés trésoriers, d'avoir le choix de servir ou de payer l'amende de quarante livres pour cet effet. » (Arch. départ., E, Sastres, 8 août 1741).

---

(1) Arch. départ., E, Tenders. 29 juillet 1584 et 10 juillet 1583 : « restituere et tornare promisit, finito anno ejus administrationis. »

(2) Ibid. Dans une pièce du 29 juillet 1584, le nommé François Rodriguès, élu trésorier, quitte l'assemblée. Les surposés l'envoient chercher de force, mais, devant son obstination à refuser, ils s'adressent aux consuls pour leur demander d'exclure ce rebelle, de la Confrérie. Rodriguès dut se soumettre et faire des excuses publiques : « aquelles paraules que digui, les he dites follament y ab colera, y ne deman perdo à tots... »

Surposés, sindics, trésoriers constituaient le pouvoir exécutif des corps de métiers. Le contrôle de ce pouvoir était exercé par les assemblées générales ou particulières des membres.

Elles étaient périodiques et se tenaient chaque année dans un lieu donné, le plus souvent dans une dépendance de l'église où la confrérie avait sa chapelle. Leur objet principal consistait dans le renouvellement des surposés, du sindic et des trésoriers, dans l'apurement des comptes et leur approbation.

En dehors de ces réunions, des événements publics importants ou la nécessité de prendre des mesures graves pour l'office (modifications de statuts, procès à soutenir), les surposés avaient l'initiative de convoquer des assemblées générales. Il suffisait d'obtenir l'autorisation du bayle ou de l'officier du roi, car, un de leurs délégués assistait toujours à ces réunions.

En résumé, les pouvoirs des représentants de la collectivité corporative étaient soumis à un contrôle actif. La bonne gestion des intérêts communs se trouvait garantie par le renouvellement annuel des administrateurs et par leur responsabilité effective. L'administration des corps d'arts et métiers en Roussillon paraît avoir été toujours régulière, et nous n'avons pas trouvé d'ordonnances consulaires qui fissent mention de malversations ou de dilapidations quelconques de leurs administrateurs.

SECTION III

RÉGLEMENTATION DU TRAVAIL ET DE LA VENTE.

Sous le régime que nous étudions en ce moment, les maîtres se préoccupèrent surtout de restreindre la concurrence pour maintenir égales entre les membres de l'office, les chances de succès. Les prescriptions techniques pour assurer la loyauté de la fabrication, dont nous avons analysé quelques-unes dans la première période de l'histoire corporative, furent maintenues et portées à leur limite extrême.

La réglementation de la fabrication et de la vente fait l'objet de la presque totalité des ordonnances des consuls, rendues souvent à la requête des intéressés. Un volume ne suffirait pas à donner le détail de ces innombrables prescriptions.

Le monopole des corporations ne s'étendait qu'à des métiers déterminés, chacun d'eux ayant le droit de fabriquer certains produits et le devoir de ne pas empiéter sur le domaine réservé à d'autres. De plus, ce monopole était réservé aux métiers de la commune, ce qui explique la brutalité des décisions prises à l'égard des étrangers.

1° *Réglementation de la durée du travail.*

Les dispositions concernant la durée se résument dans l'observation des fêtes religieuses; les consuls ne se font pas faute de le rappeler.

Tantôt ils interdisent de travailler le dimanche et jours fériés (1), pour obéir aux prescriptions de « Nostra Santa Mara l'Iglesia », tantôt, lorsqu'il y a des processions, ils ordonnent de fermer toutes les boutiques de la ville dans l'après-midi, afin que toutes les confréries accompagnent la procession, insignes et bannières déployées (2). De même, lorsqu'un maître de la confrérie mourra, tous devront cesser le travail pour assister aux obsèques (3).

Nous n'avons pas trouvé autre chose sur la limitation de la journée de travail : l'usage seul devait, sans doute, en déterminer les règles.

2º *Exécution du travail.*

Sur ce point, au contraire, les prescriptions de toute sorte abondent. Elles sont inspirées par le souci de conserver une bonne réputation aux produits autant que par le désir de maintenir les droits de la communauté, toujours au-dessus de ceux des individus (4) ; l'intérêt public est constamment invoqué dans le préambule qui précède les articles des ordonnances (5).

(1) Arch. com. de Perpignan, BB. 8, fº 34 (3 juin 1527). « Tant en dies de dimenges com de festes per Santa Mara Iglesia »

(2) Arch. com. de Perpignan, BB. 8, fº 193 (1622). « Hagen... de acompanyar la solemne professo que's fara en honor y gloria de dita immaculada Concepsio, ab totes les Insigniés y Banderes de sos officis y ab la mateixa pompa solemnitat y demonstracio que solen y acostuman... »

(3) Arch. com. de Vinça, HH. 1 (1648). « Degan y sian obligats en accompanyar a la sepultura. »

(4) Arch. com. de Perpignan, BB. 8, fº 11. Parayres.

(5) Voici quelques formules le plus souvent employées :
Lo servey del rey nostre senyor ; — Lo servey de la cosa publica ; — L'augment del culto divino ; — La pau, quietut y concordia

Quelques-uns de ces statuts du XVIᵉ au XVIIIᵉ siècle, donneront une idée suffisante de l'ensemble.

En 1525, les consuls font des statuts en faveur des *flaquers* et *pastissers* sur le droit exclusif de vendre des saucisses. Le préambule mérite d'être cité. « Les regidors de l'Universitat prétendent veiller, non seulement à la police de la ville, mais à l'augmentation de la population, *et principalement au bon exercice des professions*, par les artisans et les maîtres, *afin que chacun se renferme dans les attributions de son office* (1) ».

Défense est imposée à toute personne qui ne sera pas « pastisser, flaquer o xandeler », de faire ou de vendre des saucisses sous peine d'amende, « *attendu qu'il est raisonnable que chacun fasse son métier* ».

C'est pour un motif semblable qu'il est interdit à tout autre qu'à un « blanquer ou assahonador » d'apprêter des cuirs (2).

L'ordinacion des tuiliers-briquetiers (3) montre bien quelle place on accordait à l'intérêt public. Comme ils étaient peu nombreux, ils avaient réussi à élever leurs prix, si bien que, par suite de la cherté des briques, les

---

entre los stamens de la Universitat ; — La bona conservacio y augment dels officis.

(1) Arch. comm. de Perpignan, BB. 8, fᵒ 24. Ordinacio de les salcisses a longuanisses (2 juillet 1524).

(2) Ibid., BB. 8, fᵒ 40 (1529). Ordinacio dels officis de blanquers y assahonadors.

(3) Ibid., BB. 8, fᵒ 242 vᵒ, taulers et rejolers, 24 sept. 1627. Le prix des briques est déterminé selon chaque catégorie, et il sera défendu de les vendre à un prix supérieur à celui que les ordonnances ont fixé, sous peine de 10 livres d'amende « exigidores sens ninguna merces ».

propriétaires de maisons ne faisaient plus les réparations nécessaires. Les Consuls interviennent pour réformer ces excès et établir les prix des briques, « *reformar dits excessos y taxar los preus de dita obra en deguda forma, zelant la conservacio de la Patria y augment de aquella* ». L'empressement qu'ils déployent, a pour objet « la conservation de la Patrie », suivant leurs propres termes !

La fabrication de certains produits doit comporter des matières déterminées à l'avance. L'ordonnance de l'office des droguistes (1) prescrit d'ouvrer « de obrar » la cire blanche ou jaune sans aucune mixture. Elle indique comment on doit fabriquer les dragées, les cierges. Pour les chandelles, la nature du fil et le poids sont fixés ; les flambeaux ou « atxas » auront une dimension conforme à celle d'un étalon remis entre les mains du surposé. La cire employée sera bonne et suffisante, « bona y sufficient ». Le sobreposat et le sindic sont chargés de l'application de l'ordonnance.

Nous prolongerions inutilement les citations ; il est établi que l'exécution du travail était soumise à des règles précises. Les contraventions devaient être dénoncées, et, pour encourager la surveillance, la vieille habitude de donner une partie de l'amende au délateur, fut conservée jusqu'à la Révolution. Les surposés et les sindics veillaient également à la bonne application des ordonnances : ils remplissaient le rôle d'officiers de police du métier. Quelquefois aussi, c'était le Clavaire.

---

(1) Arch. comm. de Perpignan, BB. 8, f° 180 à 185 (12 févr. 1620). Ordinacio dels adroguers, pièce citée.

3º *Réglementation de la vente.*

Le monopole de la vente existait au profit des maîtres, comme celui de la fabrication. La maîtrise seule donnait le droit de tenir boutique (1).

La législation des métiers, essentiellement égalitaire, s'efforçait de maintenir l'équilibre économique entre les membres des divers métiers. Dans ce but, elle avait spécifié et énuméré les produits que chaque métier avait le droit de faire et de vendre à l'exclusion des autres. Cette réglementation de la concurrence a été la règle générale de 1493 à 1789.

Ainsi que nous l'avons vu, l'acte de 1493 interdit aux savetiers de faire ou vendre des souliers neufs (art. 6).

En 1559, les chaussetiers ne peuvent plus vendre certains effets ou vêtements déterminés, attendu, dit l'ordonnance, « que ce droit appartient aux sastres et non aux calssaters (2) ».

Les consommateurs étaient contraints d'acheter leurs produits chez les membres du métier qui en avaient le monopole. Ainsi, en 1699 (3), la Confrérie des boulangers s'adressa aux consuls, disant que les ordinacions de la Confrérie défendent à toutes autres personnes que celles qui en font partie « de pouvoir paistrir ni faire paitrir pour vendre et débiter, du pain, sous certaine peine ».

(1) Arch. comm. de Vinça. Voir la pièce de 1493. (Art. 2.)

(2) Arch. comm. de Perpignan, HH. 7, fº 12. Ordinacio dels sastres, 13 sept. 1559. « Ordenam que calssaters no pugen fer calssots ni calses marineres de drap grosser fort y ample, per vendre ni tenir ni parar de aquelles en llurs botigues. »

(3) Ibid., fol. 2 de la 1re foliation, BB. 8. « Ordinàcio ab laqual los hostes, cabareters, aubergistes, rostissors y altres que donan a manjar, compren pa dels flaquers de la present villa ».

Or, les aubergistes, cabaretiers, traiteurs, etc., n'achètent pas le pain aux boulangers à qui ils portent ainsi un réel préjudice. Ceux-ci invoquent leurs privilèges, le bien du public et le service du roi, pour demander aux consuls d'interdire aux rotisseurs, etc., de s'approvisionner ailleurs que dans les boulangeries de la ville. « Les hôteliers, rôtisseurs, cabaretiers et autres sont obligés d'acheter la viande à la boucherie, le poisson à la poissonnerie, et ainsi du reste... » Pourquoi n'en serait-il donc pas de même pour le pain ?

Les consuls, en effet, acquiescent à cette requête, et, le 7 mars 1699, ils rendent une ordonnance dans ce sens.

Un fait analogue, ayant le même caractère, se produit en 1744 entre les mangonniers et les bouchers (1).

Les mangonniers sont obligés « de prendre, chaque mois, leur portion de graisse aux boucheries de la ville ». Il est interdit de se servir ailleurs. « Les surposés feront des visites, assistés d'un officier de police pour opérer les confiscations ».

Ainsi donc, du XV⁰ au XVIII⁰ siècle, le système de réglementation de la vente ne souffre aucune exception.

*
* *

Voilà, dans leurs grandes lignes, les caractères généraux les plus saillants des institutions corporatives du Roussillon, pendant la période de la réglementation. Le « type » que nous avons esquissé est comme la synthèse immobile d'un ordre de choses vivant et mouvementé.

(1) Arch. départ., E., mangonniers, 1744.

Nous n'avons pas tenu compte, jusqu'ici, des variations des corps de métiers, de leurs rapports si fréquents avec l'organisation politique et avec le pouvoir législatif. Ces questions nouvelles vont faire l'objet des chapitres suivants.

CHAPITRE III

LES CORPS D'ARTS ET MÉTIERS ET LES POUVOIRS POLITIQUES.

—

SECTION PREMIÈRE

RAPPORTS DES MÉTIERS AVEC L'ORGANISATION COMMUNALE.

Idée générale. — Division de la question.

Le XIVe siècle a été l'âge d'or du Roussillon pendant le Moyen-Age. Le rapide développement de son commerce et de son industrie, l'accroissement de sa population lui avaient donné une force et un éclat incomparables. Aussi, cette province était-elle considérée, à bon droit, comme le plus beau fleuron de la couronne de Majorque (1).

A partir de la seconde moitié du XVe siècle, commence, au contraire, la période de décadence. La lourde chute de la puissance économique du Roussillon, ses désastres matériels provoqués par les guerres continuelles de la France et de l'Espagne, en détruisant

(1) Voir Xaupi. *Recherches historiques sur la noblesse des citoyens honorés de Perpignan et de Barcelone.* Paris, Nyon, 1753. In-8, p. 127.

P. Vidal. *Histoire de Perpignan,* op. cit., chap. IX et X.

la sécurité sociale, atteignirent directement les organisations créatrices de la richesse, les corps de métiers.

Déjà la transformation politique du pouvoir municipal avait abouti à la constitution de 1449, dont nous connaissons la portée. Les artisans se trouvaient insensiblement mis à l'écart de la gestion des intérêts communaux sur lesquels, jusque-là, ils avaient eu la haute main. Les collèges à matricule, composés de la bourgeoisie marchande, allaient étendre leur influence par des privilèges successivement conquis au détriment des offices des métiers inférieurs, plus communément appelés depuis offices mécaniques.

Prédominance des collèges à matricules dans le pouvoir politique ; subordination constante des offices mécaniques, voilà les deux idées générales qui se dégagent de l'étude des rapports des corps de métiers avec l'organisation communale pendant la période comprise de 1449 à la Révolution. Nous poursuivrons la démonstration de cette affirmation dans la première section de ce chapitre. Dans une seconde section, nous examinerons les diverses tentatives de la monarchie française, depuis le traité des Pyrénées, pour transformer le régime séculaire des communes du Roussillon.

§ I. — Prédominance des Collèges à matricule.

Depuis le règlement municipal de 1346 (1) l'organisation communale de Perpignan et d'autres villes du

(1) Arch. comm. de Perpignan, AA. 3, fo 196 vo. Pièce citée. Voir la première partie de notre étude et l'appendice.

Roussillon (1) était établie sur la base des professions. Ce système de classification sociale résista à tous les régimes politiques, aragonais, espagnol ou français, qui se succédèrent dans la domination du Roussillon, de 1344 à 1789. Nous le trouverons toujours en vigueur, malgré les efforts de la monarchie française pour le ruiner : nous verrons plus loin (2) qu'un essai de suppression radicale des institutions consulaires, opérée en 1766, aboutit à un échec complet.

Les artisans composaient le troisième état de la ville et se virent réduits, à partir de la réforme de 1449, à être représentés dans la commune, par le cinquième consul, alors que les bourgeois occupaient les deux premières places, et les marchands la troisième et la quatrième. De même, les bourgeois étant membres de droit du Conseil général de la ville, les marchands avaient le privilège d'y entrer à concurrence d'un nombre égal, tandis que la totalité des artisans était représentée par trente chefs de métiers.

Il est évident que les bourgeois et les marchands allaient régler seuls les affaires de la commune, puisque, en fait, ils étaient les véritables maîtres du pouvoir municipal. Leur politique consista, durant les trois siècles suivants, à maintenir comme un cadre fixe, immuable, cette organisation toute en leur faveur, à s'opposer aux tentatives qui auraient pu y introduire un changement, soit qu'elles vinssent de la part de la royauté, soit de la part d'une autre catégorie d'habitants.

(1) Delamont. *Histoire de Prades*, op. cit., p. 20. Les consuls étaient pris dans les trois mains, comme à Perpignan.
(2) Voir la deuxième section de ce chapitre.

Les collèges à matricules établirent leur puissance peu à peu, par divers privilèges royaux concédés pendant le XVIe siècle. En 1622 leur domination est définitivement assise.

Quels sont ces privilèges, et quelles conséquences entraînèrent-ils ?

Le mode de recrutement de la matricule, tel qu'il était prescrit par la sentence arbitrale de la reine Marie, en 1449 (1), assurait la prédominance aux collèges de bourgeois et de marchands, dont les représentants se trouvaient en majorité pour prendre toutes les décisions. Seuls, les « matriculés » bourgeois, marchands ou artisans, avaient le droit de concourir pour les fonctions municipales. La matriculation était la condition nécessaire, « l'habilitation » indispensable.

Chacun de ces collèges, véritable corps fermé, se recrutant lui-même, il était impossible, sans la volonté des membres qui le composaient, d'y faire pénétrer un habitant à qui sa condition ne donnait pas la « capacité » voulue. Les privilèges royaux pouvaient exceptionnellement ouvrir la porte de ces groupes, que l'esprit de corps gardait jalousement. C'est le système qu'employèrent tour à tour, pour s'élever aux fonctions consulaires, les collèges d'avocats et de notaires, les gentilshommes et les nobles non matriculés.

*
* *

(1) Arch. comm. de Perpignan, AA. 3, fos 469, 481 vo (18 août 1449), pièce citée. Une assemblée de cinq consuls en exercice et de neuf anciens consuls, premiers et seconds, remplacera les bourgeois défunts par leurs fils, et en créera de nouveaux s'il y a lieu. La matricule des mercaders sera renouvelée de même par les cinq consuls et les neuf anciens consuls, troisièmes et quatrièmes. Les

En 1499, le régime institué par la reine Marie est complété dans son application par le roi Ferdinand le catholique (1).

Par lettres-patentes du 22 mai (1), il établit le système de « *l'insaculation* » comme le mode général de nomination à tous les emplois de la ville, à temps et à vie : consuls, conseillers, clavaires, assesseurs, etc. Il y aura, à la maison consulaire, pour toute charge ou emploi, des bourses distinctes renfermant un nombre fixe de billets. Chacun d'eux portera le nom d'une personne jugée apte à remplir un emploi et par suite à être insaculée. Une fois par an, on tirera au sort, on « extraira » un bulletin de chaque bourse. Les personnes matriculées des trois bras (2) de la ville pourront être seules insaculées.

Le roi accordait le même jour, aux avocats, la qualité de bourgeois, sans avoir besoin de matricule (3). Ces innovations que Ferdinand le Catholique avaient faites « per lo be e redres de la vila (4) » ne furent pas acceptées sans protestation par les habitants ; les textes en témoignent (5).

matricules des 15 offices recevront aussi chaque année les nouveaux artisans qui seront reconnus capables par les consuls.

(1) Arch. comm. de Perpignan, AA. 3, f° 529. Lettres patentes du 22 mai 1499 : « que de aqui avant tots los officis de la dita vila e lo Consell .. se fassen, *no per electio* mas per *insaculacio*. »

(2) Les trois bras étaient : le bras militaire, le bras ecclésiastique et le bras royal. V. Jaubert-Campagne, le « Vieux Roussillon ». *Bulletin de la Société agric.*, etc., op. cit., année 1851, p. 149.

(3) V. également sur ce point : Arch. départ., C, 1544. Mémoire de M. de Jallais, intendant.

(4) Arch. comm. de Perpignan, AA. 6, f° 365 v° (25 août 1510).

(5) Ibid., AA. 6, f° 346 v°, document du 20 mars 1509, accorde

Jusqu'en 1536, aucun nouveau privilège ne fut concédé.

Le Roussillon venait d'être ravagé par les Français, et la ruine des corps de métiers était attestée par une lettre du roi (31 mai 1511) (1). Le nombre d'artisans avait à tel point diminué, qu'il fut accordé à tous ceux de la ville, de concourir pour la bourse de cinquième consul réservée auparavant à la paroisse Saint-Jacques.

Il fallut aussi protéger l'industrie du drap en voie de disparaître (2), et pour cela défendre l'exportation en France de l'huile et de la laine du Roussillon. Le commerce était si peu prospère que la qualité « d'habitant » fut reconnue à tous ceux qui tiendraient boutique ouverte (3).

La guerre contre les Français, reprise en 1542, acheva de répandre la misère dans le pays. Déjà, en 1544, cette situation déplorable nous est indiquée par les documents (4) ; mais en 1587, la ville de Perpignan est plus pauvre qu'elle ne l'avait jamais été, « per quant en la vila de Perpinya sia mes pobretat que may hage haguda (5) ».

rémission des peines encourues par la ville de Perpignan pour n'avoir pas observé, dans la nomination des officiers municipaux, les formes prescrites par le privilège royal de l'insaculation.

(1) Arch. comm. de Perpignan, AA. 6, fo 368. Lettre du 31 mai 1511.

(2) Ibid. Lettres-patentes de l'empereur Charles-Quint, AA. 3, fo 563 (21 novembre 1519).

(3) Ibid.

(4) Ibid., AA. 6, fo 310.

(5) Ibid., AA. 1, fo 348 vo. Capitulations accordées par Philippe II d'Espagne à la ville de Perpignan, concernant la tranquillité publique (6 décembre 1587).

La bourgeoisie cependant semblait se dresser sur ces ruines et continuer sa marche vers la conquête du pouvoir politique.

*
* *

En 1536 (1), la monarchie décidait qu'à l'avenir, les fils de bourgeois, de juriste et de mercader seraient matriculés et insaculés, pourvu qu'ils eussent 25 ans accomplis. C'était faciliter, par ce moyen, pour les membres de ces trois classes, la transmission héréditaire de l'influence sociale et des charges municipales.

Quelque temps après, les notaires collégiés obtenaient de concourir avec les mercaders pour les fonctions de troisième et quatrième consuls (2).

Les corps d'arts et métiers étaient trop faibles pour tenter une lutte contre les bourgeois et les marchands ; aussi n'y a-t-il pas d'intervention de leur part dans les rivalités politiques qui s'élevaient à ce moment entre les nobles d'épée et les deux premiers états de la ville.

En 1583, le roi, pour mettre fin aux intrigues qui agitaient Perpignan, interdit formellement aux nobles d'épée, « *militares* », toute participation au gouvernement municipal (3). La bourgeoisie triomphait encore.

---

(1) Ibid., AA. 5, fo 618 vo (11 août 1536). Lettres-patentes d'Isabelle, rendues en forme de capitulation.

(2) Arch. départ., série E non classée, Mercaders. Le 30 juin 1599, le roi Philippe d'Aragon accorda au collège des notaires de Perpignan un privilège par lequel « tant les dits notaires que leurs descendants en droite ligne masculine, sont placés au second état de la ville, concouremment avec les mercaders, *pourvu qu'ils ne tiennent ni exercent art mécanique* ».

(3) Arch. comm. de Perpignan, AA. 6, fo 421. Lettre du 24 janvier 1583.

Le 13 juillet 1599, Philippe III conférait la noblesse à tous les bourgeois de Perpignan, à leurs fils et à leurs descendants en ligne masculine (1). Par cette mesure, le roi déclarait vouloir récompenser les services rendus par les bourgeois de cette ville, lors des sièges de 1542 et de 1597. Il refusait seulement à ces nobles le droit d'assister aux *corts* de Catalogne, déclarant que, pour le reste, ils devaient « pro burgentibus *et verys militibus* et *personis stamenti militaris* censeri et sine ullo discrimine haberi ».

Un nouvel acte du 23 décembre 1599 (2) spécifiait que la lettre d'annoblissement visait tous les bourgeois matriculés conformément à l'ordonnance de la reine Marie.

Mais l'intention du roi était toute différente de celle qu'il avouait.

En effet, un nouveau privilège du 12 octobre 1601 (3) prenait prétexte que les nobles d'épée (*militars*) participaient à toutes les charges de la commune, « *tingan obligatio de contribuir en tots mals y carrechs de la universitat de la présent vila* », pour dire qu'il fallait en toute justice les admettre aux fonctions municipales.

Comme le sindic du consulat s'était opposé, en 1583, à une telle concession de la part du roi, celui-ci établissait, en 1601, une sorte de compromis. En réalité il voulait opérer la fusion (4) entre les privilégiés par

---

(1) Ibid., AA. 1, fo 343 vo.

(2) Arch. comm. de Perpignan, AA. 1, fo 343 vo, 23 déc. 1599.

(3) Arch. dép., C, 1453.

(4) Cette fusion eut sa traduction dans les faits : les bourgeois nobles portèrent l'épée depuis cette époque. V. mémoire de Mlle de Montpensier, éd Cheruel, Paris, Charpentier, 1891, T. III, p. 440,

droit de naissance et les privilégiés par droit acquis ;
les lettres d'annoblissement accordées aux bourgeois
en 1599 n'avaient pas d'autre objet que de les préparer
à faire des concessions. Le roi déclarait qu'en échange
de leurs nouveaux droits, les gentilshommes s'enga-
geaient à payer toutes les impositions et charges auxquelles étaient soumis les autres habitants (1). Les
bourgeois de Perpignan, cette fois, ne protestèrent pas.

*   *
*

La dernière phase de la lutte que les diverses frac-
tions de la bourgeoisie se livraient entre elles, eut lieu
pendant les années 1619 et 1620.

Un procès célèbre entre la ville de Perpignan et An-
toine-Jérôme Bosch, représentant des bourgeois de rescrit, fit trancher la question en suspens (2). Bosch et
les siens prétendaient avoir droit, en qualité de bourgeois créés par le roi, ou bourgeois de rescrit, d'entrer
ipso facto dans les conseils de la ville et d'être insaculés dans les bourses réservées aux bourgeois matriculés.
Ces derniers accordaient à leurs adversaires les mêmes
privilèges qu'à ceux de leur classe, mais, sous le rapport

---

442. « La Grande demoiselle » écrit des bourgeois de Perpignan :
« Les hommes ont l'épée au côté et un manteau. »

(1) Ibid. « Lo bras militor... ab affecte renuncieles lites que
apportara contra la present universitat, y se obligé en contribuir
y pagar los dits mals y carrechs, ajudes, imposicions, talls y altres exactions necessaries que de present si offeriran y seran impo-
sades y per avant se imposaran per negocis communs de aquella... »

(2) Arch. comm. de Perpignan, AA. 7, fo 23 (1619-1620). Cette
pièce est si importante que nous en publions une partie en appendice.

de l'administration municipale, ils n'étaient leurs égaux qu'à la condition d'être matriculés auparavant.

Le Conseil royal de Barcelone, devant qui fut porté le litige, déclare Bosch et autres bourgeois de rescrit en possession de tous les privilèges et prérogatives des bourgeois de matricule, sauf en ce qui concerne l'administration de la ville, à laquelle ils ne peuvent participer sans être matriculés (1).

Désormais, et jusqu'en 1789, *la matricule est la base de l'organisation communale*, et elle a lieu pour chacun des états ou mains qui la composent. Les classes privilégiées, groupées en collèges à matricule, trouvent dans ce système le moyen de gouverner la ville ; maîtres du Consulat, ces collèges feront la loi à tous les autres habitants.

*
* *

A partir de 1622, les corps d'arts et métiers proprement dits se renferment dans un rôle purement professionnel ; leur puissance politique du XIVᵉ siècle est irrémédiablement perdue, leur subordination aux collèges à matricule va maintenant s'affirmer.

De plus, les corporations avaient subi une tranformation intérieure qui accuse bien leurs tendances nouvelles. En 1622, Philippe d'Aragon, dans un privilège dit *de la inseculatio de las Bolsas* (2), déclare que la ruine présente des métiers lui impose de modifier la bourse du Consulat affectée aux corps de métiers. Celle des

(1) Sentence du Conseil royal de Barcelone. Ibid., AA. 7, fᵒ 25 (12 octobre 1620).

(2) Arch. comm. de Perpignan, AA. 1, fᵒ 355 vᵒ (14 mai 1622).

tisseurs de laine, en effet, qui comptait autrefois des centaines de membres, n'est plus représentée que par six personnes. Le roi supprime donc les anciennes bourses de la « main mineure » et crée deux bourses nouvelles, celle des *artistes* et celle des *comuns*.

Le corps des artistes, c'est-à-dire des gens exerçant un art, comprend les hommes de place, les apothicaires, les boutiquiers, « botiguers de draps y de teles », et les chirurgiens. Il sera constitué en collège jusqu'en 1789.

Le corps des « comuns », appelés encore *menestrals* (1), se compose de gens qui exercent un métier manuel : il sera constitué en confrérie jusqu'à la Révolution.

Telle est la classification dernière des groupes professionnels du Roussillon de 1622 à 1789. D'un côté, les Collèges à matricule, maîtres du pouvoir politique, avec qui la royauté devra compter ; de l'autre, des corps de métiers relégués dans le domaine du travail et dépourvus de toute influence sérieuse dans la commune. Par habileté politique, les membres des Collèges dirigeants laisseront subsister la représentation consulaire des artisans, mais cette distinction, purement honorifique, sera uniquement destinée à flatter l'amour-propre des corporations (2).

---

(1) Menestral. « Et que gana de comer con el trabajo de sus manos. » Dict. lengua castillana, verbo menestral.

(2) Dans une lettre de l'intendant au contrôleur général, ce caractère est nettement affirmé. Arch. départ., C, 1535, et C, 1536 (7 juillet 1751).

§ II. — Subordination des offices mécaniques.

La subordination des corps de métiers aux collèges à matricule au point de vue politique, est attestée par des actes précis dont l'importance a dû être très considérable, si nous en jugeons par la masse de documents qui nous sont parvenus.

Pendant tout le cours du XVIIe siècle, le Roussillon ne parvint pas à relever son industrie ou son commerce. Les guerres de Louis XIII et de Louis XIV l'avaient encore affaibli davantage ; il nous en reste des preuves certaines (1).

Les menestrals ou travailleurs manuels n'acquirent jamais une situation économique suffisante pour prétendre exercer une influence marquée sur l'organisation municipale.

Il n'en fut pas de même des collèges d'artistes, dont quelques-uns eurent un regain de prospérité vers la fin du XVIIe siècle. Ceux-ci demandèrent dès lors, au cours du XVIIIe siècle, une part plus large dans l'administration de la cité, auprès de ceux à qui la situation de

(1) Arch. com. de Perpignan, AA. 1, fo 374 (8 septembre 1643). Lettres-patentes de Louis XIV, roi de France, sous contre-seing de Philippe de la Hotte-Houdancourt, lieutenant et capitaine général de Catalogne, accordant à la ville de Perpignan de frapper 20,000 ducats de monnaie de billon, *à cause de la misère de cette ville,* qui se trouve « en lo estat de pobresa mes infelix que puga arribar un comù » et qui doit en billets 10,000 ducats, sans compter les rentes émises par suite de la dernière peste (1630).

Cette peste emporta, en 2 mois, 2,000 personnes. Cf. P. Vidal, op. cit., p. 515.

fortune avait donné le droit de concourir pour les fonctions municipales.

Ce fut la véritable lutte pour le pouvoir entre la bourgeoisie plus ancienne des mercaders, des notaires, assimilée depuis 1622 à la noblesse d'épée, et les marchands drapiers, droguistes ou apothicaires parvenus à la fortune.

Deux procès célèbres (1), dont nous dégagerons seulement la substance, nous révèlent cette lutte et nous montrent par quels moyens les collèges à matricule ont voulu maintenir les offices mécaniques dans l'état de subordination. Ce sont :

1° Le procès des marchands drapiers contre les mercaders, de 1715 à 1718.

2° Le procès des marchands droguistes-épiciers contre les mercaders et notaires, de 1729 à 1730.

*
* *

Dès 1715, les marchands drapiers de Perpignan s'adressent aux consuls pour leur demander de jouir des privilèges des mercaders et d'être admis aux places de troisième et quatrième consuls ou aux autres charges de la ville.

Ils veulent obtenir :

1° Que personne ne soit reçu, à l'avenir, dans le corps des mercaders, qui n'ait exercé la profession de marchand.

---

(1) Il y aurait à parler d'un troisième procès, qui dura de 1762 à 1768 entre le sieur Comellas, apothicaire, et le corps des mercaders (Arch. départ., série E.), mais l'étendue limitée de ce chapitre ne nous permet pas d'insister. D'ailleurs, il ressemble, au fond, aux deux précédents.

2° Que les enfants des mercaders soient exclus s'ils n'ont fait le négoce.

Ils se fondent sur de nombreux arguments (1). Voici les principaux :

1° Le mot mercader signifie marchand, et ceux qui le portent aujourd'hui l'ont reçu de leurs pères sans avoir fait le commerce.

2° Les mercaders sont consuls de mer ; or, il est étrange que ceux qui sont seuls expérimentés, les marchands, en soient précisément exclus. Pourtant les lettres patentes du 20 novembre 1394 avaient institué des marchands comme consuls.

3° Le peu d'égards que l'on a pour les marchands, oblige tous ceux qui ont fait une fortune médiocre à quitter le pays ; de là provient la ruine du commerce en Roussillon.

4° Les marchands demandent que l'on fasse, vis-à-vis d'eux, comme en 1599 et en 1601, pour les notaires et les gentilshommes. D'ailleurs, dans les autres villes du royaume, les marchands sont admis aux places de consuls et de clavaires : il faut qu'il en soit ainsi en Roussillon.

Sur la demande de la Cour en date du 19 avril 1715, M. de la Neuville, intendant, adressait au roi un long mémoire explicatif précédé d'un état de l'ancienne constitution municipale de la ville. Il se déclarait lui-même partisan des revendications des marchands de la ville, car, à son avis, il fallait empêcher les commerçants de quitter le Roussillon. C'était donc une « affaire d'État ».

(1) Toutes les pièces de ce procès sont aux Arch. départ., C, 1542.

Le Conseil d'État, par un arrêt du 25 avril 1718, fit droit aux réclamations des marchands malgré la vive opposition des mercaders (1).

*
* *

Enhardis par ce succès des marchands, les droguistes-épiciers adressèrent à l'Intendant, en 1729, une demande reposant sur les trois chefs suivants (2) :

a) Admission à la place de troisième consul de mer, par concurrence avec les marchands drapiers ;

b) Admission au Conseil de douzaine du Consulat de mer ;

c) Admission à la place de quatrième consul de ville, en concurrence avec les marchands drapiers.

Ainsi, ils constitueront « un troisième état de ville à l'exclusion de tous les autres artisans qui composeront un quatrième et dernier état, auquel sera affectée la place de cinquième consul (3) ».

Les « moyens » de leur requête se résument ainsi :

1° Le collège des droguistes est plus ancien que celui des marchands-drapiers ; comme ceux-ci, les droguistes sont des commerçants, et leur cercle d'action est plus étendu, puisqu'ils « portent leur commerce jusque dans l'Orient (4) » ; ils connaissent donc, à la fois, le commerce de terre et de mer.

2° A Toulouse, ils sont élus aux charges de prieur et

---

(1) Nous donnerons les arguments des mercaders après l'exposé de l'objet du procès de 1729. Ils se ressemblent tous d'ailleurs, et il sera plus facile de juger dans leur ensemble.

(2) Toutes les pièces de ce procès sont aux Arch. départ., C, 1544.

(3) Arch. départ., C, 1544. Mémoire des droguistes.

(4) Ibid.

de consul de la bourse commune ; à Paris, « ils vont de pair avec les marchands drapiers ».

3º Enfin ils ont la préséance sur les drapiers dans les processions, et attendu qu'ils « ont des fonctions distinctes et séparées des artisans... il ne serait pas juste de les faire concourir avec des gens de métier ». Les mercaders « ne sont pas plus de soixante » et doivent « être contents de la troisième place ».

Les marchands drapiers ne s'opposent pas à ces prétentions des droguistes ; ils disent au contraire que l'on doit tendre à relever le commerce par tous les moyens. « Il est honteux que les marchands soient confondus *avec les vils artisans*, s'ils veulent participer aux honneurs du consulat de ville ; dans toutes les villes du royaume, les marchands y ont un rang distingué dans les charges municipales ; ils l'ont toujours eu aussy dans la ville de Perpignan, lorsque ce que l'on appelle aujourd'huy *mercaders* n'étaient que de vrais marchands et commerçants (1). »

Enfin, argument suprême, ce que demandent les requérants « *ne tend point à faire un changement essentiel au gouvernement politique de la ville* ».

Il sera toujours composé de trois états « avec cette seule différence que le moyen n'aura plus qu'une charge de consul et que le dernier estat en aura deux, tout comme le premier ». Et quand même ce serait un changement, Sa Majesté a le droit de le faire « quand et comme il lui plaît ».

L'intendant appuyait encore le bien fondé de cette nouvelle demande, mais après avoir détruit les répliques

(1) Arch. dép., C, 1534. Mémoire des Marchands drapiers.

du représentant des consuls, le sindic de ville, dont les deux raisons essentielles consistaient à dire qu'accepter la requête des droguistes « ce serait renverser les trois états de la maison de ville et détruire la subordination nécessaire pour maintenir les esprits dans l'union (1) ». En outre, on ne pouvait comparer les droguistes aux marchands « parce qu'ils sont agrégés dans certains *corps de métiers bas* et *mécaniques* ».

*
* *

Voilà le sommaire des faits.

Quels étaient les moyens de défense des mercaders ?

La même tactique fut suivie par eux dans les deux procès dont ils assimilent en réalité les demandes (2).

Après un historique rapide de la constitution municipale de Perpignan, depuis ses origines, ils déclarent ceci :

1° « *La prétention des marchands tend à détruire l'ordre politique* de la ville, puisque n'ayant été reçus jusques icy qu'au dernier estat, on ne saurait à présent les recevoir au second, sans renverser le dit ordre (3). »

Les demandes présentées à la Cour attaquent donc les privilèges de la ville. C'est vouloir introduire « une nouveauté qui ne peut qu'être odieuse, puisqu'elle tend à la destruction d'un ordre politique bien étably ».

(1) Ibid. Mémoire de l'Intendant.

(2) Arch. dép., C, 1544. Mémoire des notaires. « Les marchands droguistes se sont unis secrètement aux marchands drapiers pour présenter la même requête que celle de 1718. »

On ne peut donc nous faire aucune objection, si nous formons un bloc des arguments des mercaders, dans les deux procès.

(3) Ibid., C, 1543. Mémoire des mercaders (1715-1718).

Les cadres sociaux et politiques consolidés depuis le XVI⁰ siècle, semblaient donc immuables aux mercaders ; cette idée découlait naturellement de celle de privilège, dont la puissance a été si forte sur les esprits pendant des siècles.

2⁰ La seconde raison invoquée par les mercaders et notaires, pour s'opposer à la requête des marchands drapiers et droguistes, tient au *caractère de la profession des demandeurs, taxée d'infériorité.*

Les mercaders devaient considérer cet argument comme péremptoire, car ils le reproduisirent, en 1762, dans leur procès contre Comellas.

Le mépris des « arts mécaniques » est hautement affiché. L'exercice de ces arts constituait sans doute une dérogeance pour ces anciens marchands devenus nobles. Les notaires, en particulier, déclarent que depuis 1599, ils ont renoncé à exercer tout art mécanique, afin de jouir des bénéfices de la matricule.

D'aucune façon, on ne saurait permettre aux marchands drapiers ou droguistes de concourir pour les fonctions municipales, et le représentant des mercaders conclut, avec un superbe dédain, que « Sa Majesté déboutera le corps des marchands de ses prétentions et lui imposera un silence perpétuel ».

*
* *

Sur le terrain communal, les métiers étaient doublement vaincus. Les collèges à matricule, devenus des corps aristocratiques, barraient la route à toute tentative de direction que les corporations, reléguées à un rang inférieur, auraient pu opérer. Dépouillés du pouvoir politique que l'hérédité assurait aux classes privilégiées, les métiers étaient tenus en petite estime, et la médiocrité de la condition de leurs membres leur ôtait tout pouvoir économique.

Contre la main-mise royale, leur faiblesse sera une garantie. Incapables de se protéger eux-mêmes, les consuls les défendront indirectement en voulant sauvegarder les privilèges de leurs classes contre les atteintes de la monarchie.

SECTION II

RAPPORTS DES MÉTIERS AVEC LE POUVOIR ROYAL

(1660-1789)

Au lendemain du Traité des Pyrénées (7 novembre 1659), Louis XIV s'engagea à maintenir et à confirmer les constitutions et privilèges dont jouissaient les consuls et les habitants de Perpignan (1).

Le roi connaissait l'esprit de résistance des Catalans à toute domination, à toute contrainte violente ; il sa-

---

(1) Louis XIV, en allant à la rencontre de l'infante d'Espagne, qu'il devait épouser, reçut, à Montpellier, une députation catalane à la tête de laquelle se trouvait l'ambassadeur François de Blanes. Le roi fut invité à venir visiter la capitale de la nouvelle province annexée et à reconnaître ses privilèges. Voici un extrait de la réponse de Louis XIV à l'ambassadeur :

« Les consuls et les habitants de la ville de Perpignan seront maintenus dans leurs privilèges. Fait à Montpellier, le sixième jour du mois de janvier mil six cent soixante.

« Signé : Louis. »

Arch. dép., série C, 1543.

vait combien Louis XIII avait eu de difficultés à s'attirer la sympathie du pays de Roussillon ; il évita avec soin d'attaquer de front les institutions de cette province si attachée à ses traditions et à ses lois.

L'organisation de la conquête se fit lentement ; les deux institutions de l'intendance et du conseil souverain n'exercèrent pas, de longtemps, une action très directe sur l'administration ou la justice du pays (1). Mais la monarchie française poursuivit cependant son œuvre de centralisation et triompha de tous les obstacles par sa persévérance.

§ I. — Premières atteintes à l'organisation politique.

La première atteinte aux libertés roussillonnaises fut dirigée contre l'institution consulaire. Par un édit de 1662, le droit de convoquer les assemblées générales ou particulières appartenait au maire (2). Celui-ci devait recevoir désormais le serment des consuls et autres officiers nommés dans ces assemblées, auxquelles il présiderait. D'après ce même Édit, les maires que l'on tentait de substituer aux Consuls, devaient connaître *avec ces derniers de l'exécution des règlements des manufactures et des métiers.*

Le 22 novembre 1671 (3), un arrêt du Conseil d'État

---

(1) Arch. comm. de Perpignan, AA. 4, f⁰ 610. Les habitants obtinrent confirmation du privilège de ne pas être jugés hors de la province.

(2) Arch. départ., C, 1534.

(3) Arch. comm. de Perpignan, AA. 4. Arrêt du 22 nov. 1671, f⁰ 386.

obligeait les consuls, avant de procéder aux insacula-
tions, à faire approuver, par l'Intendant ou par le Com-
mandant, les sujets proposés. Il leur défendait aussi de
créer plus de deux bourgeois par année, sous la condition
qu'ils auraient 100 pistoles au moins de revenu annuel,
« attendu que le nombre des bourgeois qu'il y a dans
la ville de Perpignan surpasse celuy des trois autres
estats ensemble, c'est-à-dire des gentilshommes, mercaders et artisans, et qu'il ne convient pas qu'un bourgeois pauvre et incommodé laisse un privilège à ses
enfants, qu'ils ne pourraient pas soubstenir ».

Cette première mainmise royale sur le pouvoir municipal, n'obtint pas un plein succès, au contraire.

Elle fut renouvelée par l'Édit d'août 1692 (1) qui
donnait au maire seul, à l'exclusion du viguier et du
bailli royal, le droit de convoquer et de présider les
assemblées de la Commune. Le maire possédait l'exercice de la police des corps d'arts et métiers, *conjointement avec les consuls* qui en avaient connu jusqu'à ce
moment.

L'année suivante, le roi édicta de nouvelles prescriptions. L'article 9 de ce règlement du 5 décembre 1693 (2)
présente pour notre sujet un intérêt spécial. « Les surposés ou chefs de corps d'arts et métiers de ladite ville
sont pareillement *élus* dans les assemblées générales
du 23 et 28 juin ; à la vérité le bayle a reçu jusques à
présent le serment de ces officiers ; mais c'est là toute
la jurisdiction qu'il a sur eux, étant constant que *les
consuls de Perpignan ont toujours connu de la police*

---

(1) Arch. départ., C, 1534. Édit d'août 1692.
(2) Arch. départ., C, 1534. Règlement du 5 décembre 1693.

des corps d'arts et métiers et des contestations con-
cernant les intérêts et prérogatives de chacun d'eux,
et qu'en conséquence des Privilèyes de la Commu-
nauté, les consuls leur ont toujours donné tels statuts
et règlements qu'ils ont jugé à propos. »

Ainsi, par le même effort répété, la monarchie,
depuis trente ans déjà, essayait de soumettre à son
influence le principal organe de l'administration des
communes roussillonnaises. Elle ne procédait pas par
suppression, mais par lente infiltration, espérant sans
doute que la longue durée consacrerait les violations
du droit ancien.

§ II. — Création d'offices en 1724. — Édit de 1733.

Pourtant l'institution consulaire demeurait debout,
établie sur le principe de l'élection comme avant la
conquête française.

Le roi, poussé par les nécessités fiscales, fut con-
duit à créer des offices municipaux en Roussillon comme
ailleurs. Par un Édit de juillet 1724, il avait créé un régime municipal nouveau, où le principe de l'élection était
encore sauvegardé (1). La province de Roussillon, habi-
tuée depuis des siècles à garder la plus large part de son
administration, résista sourdement à cette innovation.

Un nouvel Édit de novembre 1733 (2) dut rappeler
toutes les dispositions du précédent, dont l'observation
avait sans doute éprouvé bien des difficultés.

(1) Arch. départ., C, 1533. Édit de juillet 1724.
(2) Arch. départ., C, 1533. Édit de novembre 1733.

On peut le résumer ainsi :

Le roi prétendait que l'élection entraîne toujours le trouble par l'intrigue, et que les officiers municipaux, élus pour un temps trop court, ne pouvaient acquérir une connaissance suffisante des affaires.

Donc, il était utile au bien de la ville de créer, d'établir « une partie des dits offices en titre », de les confier à des officiers « dont la finance nous servira, disait le roi, à soutenir les dépenses de la guerre, à éteindre et supprimer des capitaux de rentes sur la Ville de Paris et sur les Tailles ».

En un mot, depuis 1660 jusqu'en 1733, la monarchie française avait procédé par infiltration, puis par voie directe, pour pénétrer au cœur des institutions roussillonnaises. Elle n'avait pas tout à fait réussi dans son entreprise, et, jusqu'en 1789, la protestation du particularisme catalan se fit entendre.

Quel fut le résultat de l'édit de 1733 ?

Une lettre du contrôleur général des finances à M. de Jallais, intendant, nous renseigne sur ce point (1). En 1736, la vente des offices se faisait difficilement ; le contrôleur demandait à l'intendant de lui proposer « certaines personnes pour les remplir par commission ». A cet effet, la désignation des nouveaux officiers municipaux eut lieu au mois d'avril (2), et l'intendant procéda en personne à leur installation après une lettre du contrôleur général lui recommandant, en termes exprès, de ne permettre « aucune élection nouvelle d'aucuns autres officiers (3) ».

(1) Arch. départ. Lettre du 19 février 1736, C, 1533.
(2) Arch. départ. Lettre de l'intendant du 4 avril 1736, C, 1533.
(3) Ibid. Lettre du contrôleur général du 29 avril 1736, C, 1533.

La protestation contre cet acte d'autorité ne se fit pas attendre.

Le 25 août suivant, le Conseil général de la ville, véritable représentation des habitants, déclara que « les officiers royaux seraient exclus de la connaissance de l'affaire de l'abonnement des offices proposé par la ville ».

Le contrôleur général prescrivit des ordres sévères contre cette rébellion à l'égard de l'autorité royale (1), mais il envenima simplement le mal. Le 4 décembre 1737, il dut être différé, par arrêt, à la vente des offices (2), et le système ancien de l'élection par insaculation fut remis en vigueur jusqu'en 1751 (3).

La défense d'un arrêt du 13 mars 1742, de procéder à aucune élection d'officiers, demeura lettre-morte (4).

§ III. — Rôle des Métiers.

Quelle importance, au milieu de ces agitations fréquentes à Perpignan, à propos des élections municipales, donnait-on au représentant des corps de métiers, c'est-à-dire au cinquième consul ? Aucune. Cette fonction

(1) Arch. départ., C, 1533. « Comme les dispositions de ces délibérations sont contraires aux édits de création de ces offices, et qu'il est d'ailleurs indécent que la ville prétende exclure, du détail des affaires qui la concernent, des officiers que le roy a commis pour les administrer... »

(2) Ibid., C, 1534.

(3) Ibid., C, 1534. La preuve en est certaine puisque nous possédons la *liste d'insaculation* de 1738 à 1741, et que le 2 juin 1751 il est question d'élections consulaires, faites la veille de la Saint-Jean, comme c'était autrefois l'usage.

(4) Ibid., arrêt du 13 mars 1742, C, 1534.

était attribuée à la faveur, à ceux qui, suivant l'intendant lui-même (lettre au contrôleur général, 1765),
« *avaient un revenu assez considérable* pour soutenir
avec décence l'éclat d'une pareille place ».

Le rôle des corps de métiers, si important au Moyen-
Age dans l'administration de la commune, était fini.
A cette époque, d'ailleurs, ils avaient perdu aussi toute
influence économique. La lutte politique se trouvait
circonscrite entre la royauté et la bourgeoisie. Encore
faut-il ajouter que les bourgeois nobles, par commission du roi, étaient par là exclus des charges municipales comme au Moyen-Age. Il n'y avait que les bourgeois nobles créés par l'assemblée de la bourgeoisie,
qui eussent droit aux fonctions consulaires (1), et aux
fonctions de police remplies par les clavaires (2).

§ IV. — Dernières tentatives royales.

Le roi ne réussit pas à briser les cadres sociaux et
politiques que la bourgeoisie roussillonnaise avait fixés
depuis le XVIIe siècle.

La déclaration du 11 février 1764 portant règlement
pour l'exécution de l'édit du roi relatif à l'administration des villes et bourgs du royaume, n'avait pas reçu
d'application en Roussillon.

En mai 1766 (3), un édit nouveau supprima toutes

---

(1) Arch. départ., C, 1533. Lettre de l'intendant du 4 avril 1736.
(2) Les clavaires appartenaient au deuxième État et étaient extraits annuellement (C, 1537, mémoire de l'intendant au maréchal de Noailles, 31 déc. 1776).
(3) Arch. comm. de Perpignan, AA. 2, f° 1. Édit de mai 1766.

les charges municipales en titre d'office, ainsi que l'ancienne organisation consulaire. Le 31 du même mois, une déclaration du roi porta règlement pour l'exécution de l'édit (1). Désormais, les communes allaient être administrées par un maire nommé par le roi, assisté d'échevins et de conseillers en nombre variable, suivant le chiffre d'habitants, d'un sindic-receveur et d'un secrétaire-greffier élus par l'assemblée des notables (2).

Les lettres-patentes du roi (3) destinées à être enregistrées par le Conseil souverain du Roussillon, provoquèrent à Perpignan, une émotion considérable.

Pour la première fois, en effet, le pouvoir royal détruisait une organisation quatre fois séculaire. Les consuls adressèrent une longue protestation écrite au Conseil souverain, pour le prier de surseoir à l'enregistrement jusqu'à ce que le roi se fût expliqué sur cette atteinte portée aux privilèges des habitants.

L'édit et les lettres-patentes « ont répandu le trouble et la confusion dans tous les esprits », disent-ils dans leur délibération du 27 juin 1766 (4), tenue avec le Conseil général de la Commune. Leur argument capital est que *l'édit renverse l'ancien ordre politique de la ville* (5), et détruit des institutions « qui sont la base

(1) Ibid., AA. 2, fo 11. Déclaration du roi du 31 mai 1766.

(2) Arch. comm. de Perpignan, AA. 2, fo 11. Dans l'assemblée des notables, la bourgeoisie dominait encore. Chacun des corps et communautés, en jurande ou non, avait droit à un député à l'assemblée préparatoire qui élisait les notables.

(3) Arch. dép., C, 1536. Lettres-patentes du 18 mai 1766.

(4) Ibid., C, 1536. Délibération du 27 juin 1766.

(5) Ibid., C, 1536. « La forme d'administration dans le gouvernement politique est totalement changée ; les états sont confondus, il en est qui sont séparés de ceux avec lesquels ils avaient toujours

du gouvernement et d'une administration suivie pendant plus de quatre cents ans ».

La Cour du Conseil souverain du Roussillon, en réponse au mémoire des consuls, rendit un arrêt le 3 juillet 1766.

Elle déclara (1) que le roi n'avait pu vouloir le renversement des privilèges que les anciens souverains, Louis XIII, Louis XIV et Louis XV avaient respectés et qui duraient depuis des siècles. Au contraire, il souhaitait « de donner aux communes de bons règlements sans toucher à leurs privilèges ». D'ailleurs, la division de la ville en trois états avait varié depuis 1449, suivant « le temps, les circonstances et la volonté du souverain ». Elle était odieuse, puisqu'elle excluait certaines personnes (2) ; enfin, par son caractère arbitraire et peu conforme à la nature des choses, « elle violait les distinctions naturelles en ce que le premier état n'était composé que de gentilshommes, des bourgeois honorés et des avocats, le second des mercaders et des notaires, tous les autres ordres d'habitants, et notamment les bourgeois vivant de leurs rentes et les négociants ne pouvaient trouver place (à moins qu'ils ne se fissent recevoir mercaders) que dans le troisième état avec les artisans, ce qui ne tendait qu'à les écarter de l'administration ».

été en concurrence et alternative de toute charge publique, d'autres sont anéantis après avoir fait partie du second état et destinés à remplir la troisième et quatrième place du consulat, enfin le tiers-état est pour ainsi dire privé de concourir à cette même administration. »

(1) Arch. départ., C, 1536.

(2) Ibid., C, 1536. Étaient exclus : les ecclésiastiques, les officiers militaires, les médecins, les procureurs et les juges royaux.

« *La distinction naturelle des citoyens par états et professions* (1) » ne touchait à aucun privilège ; les corps et communautés d'artisans, ayant le droit de nommer chacune un député, n'étaient pas exclus de l'administration de la commune, comme le prétendaient les consuls. Donc, la Cour passait outre à l'enregistrement, et le roi donnait l'ordre d'exécuter l'édit.

Cependant, l'agitation provoquée par une pareille mesure ne fit qu'augmenter, si bien que le roi se vit contraint, deux ans après, d'abroger l'édit de mai 1766, et de rétablir l'ancienne constitution municipale de Perpignan et des autres villes du Roussillon (2).

§ V. — Puissance de la Bourgeoisie.

Telle est l'histoire résumée des rapports du pouvoir royal avec l'organisation municipale qui représente jusqu'à la Révolution les diverses classes et professions d'habitants. Les corps d'arts et métiers y ont leur place comme les autres corps, mais ils ne sont plus les maîtres comme aux XIIIᵉ et XIVᵉ siècles.

Toute tentative de mainmise royale sur le pouvoir politique communal a échoué en définitive.

Le roi avait également essayé de s'emparer des fonc-

---

(1) Ibid., C, 1536. Ce sont les propres termes de l'arrêt.

(2) Arch. comm. de Perpignan, AA. 2, fᵒ 22. Édit du Roi (5 août 1768).

L'ancienne forme municipale, c'est-à-dire l'insaculation et l'extraction, fut rétablie partout où elle était usitée, c'est-à-dire à Elne, Argelès, Collioure, le Boulou, Céret, Arles, Prats de Mollo, Thuir, Nullos, Estagel, Baixas, Salces, Rivesaltes, Canet, Villefranche, Prades, Vinça, Saillagouse et Angoustrine.

tions de juges de la police, réservées aux membres du deuxième état de la ville. L'institution du clavariat subsistait encore en 1760, comme au XVIIe siècle. Le roi prétendit qu'il y aurait grand avantage à supprimer la multiplicité des degrés de juridiction. Par lettres-patentes du 24 juillet 1778 (1), inspirées par un mémoire de l'Intendant (2), le clavariat fut supprimé et le Consulat réorganisé quant à la durée des pouvoirs des divers consuls. Les représentants des classes privilégiées restent en place trois ans (1er et 2e consul) ou deux ans (3e et 4e consuls). Les corps de métiers, subordonnés aux collèges à matricule depuis le XVIIe siècle, doivent renouveler leur représentant tous les ans.

Voilà le dernier acte de l'autorité royale en Roussillon en ce qui concerne les pouvoirs des communautés.

Il nous reste à conclure.

Trois idées se dégagent de notre analyse :

1° L'avortement de toutes les tentatives de mainmise royale sur les institutions politiques du Roussillon, est certain. En vain, l'intendant avait-il eu le droit d'approuver les listes des sujets destinés à remplir les charges municipales. En vain, le roi avait-il cherché par ses édits, à instituer, comme dans les autres provinces de la France, des charges d'officiers municipaux. Au bout d'un siècle de domination française, la vieille constitution consulaire de Perpignan, brisée par l'Édit de 1766, avait dû être rétablie deux ans après.

2° La cause de ces échecs successifs de la royauté était due surtout à l'inébranlable attachement des Rous-

_____

(1) Arch. départ., C, 1537. Lettres-patentes du 24 juillet 1778.
(2) Arch. départ., C, 1537. Mémoire adressé par l'Intendant à M. le maréchal de Noailles (31 décembre 1776).

sillonnais à leurs mœurs et à leurs privilèges, au particularisme intransigeant de leur caractère et de leur tempérament, qui rendait difficile l'assimilation à l'administration française.

3° Enfin, la bourgeoisie marchande, annoblie, était assez forte pour résister au roi, sous le prétexte de défendre les privilèges anciens sur lesquels elle avait d'ailleurs bâti sa puissance. La pratique des affaires l'avait enrichie et dotée du pouvoir économique. L'exercice du pouvoir politique l'avait préparée à remplir le rôle que la Révolution de 1789 allait bientôt lui donner. « Ainsi, tandis que la monarchie, décidément plus coûteuse qu'utile, n'était plus au niveau de sa tâche, la bourgeoisie arrivait au niveau de la sienne ; le Tiers-État, avant la fin du siècle, allait se trouver prêt à saisir le pouvoir en déchéance ; ce nouvel organe politique et social, après avoir développé lentement son germe dans l'organisme ancien, allait lui succéder (1). »

---

(1) Émile Deschanel. *Le Peuple et la Bourgeoisie*, op. cit., p. 286.

CHAPITRE IV

HISTOIRE DE LA LÉGISLATION DES CORPORATIONS SOUS LA MONARCHIE FRANÇAISE

(1660-1791)

Idée générale et divisions.

Les corporations d'arts et métiers en France, avant leur abolition définitive, sont l'objet d'un grand nombre de dispositions législatives et réglementaires.

La décadence de ces institutions, déjà commencée à la fin du règne de Louis XVI, se précipite pendant tout le cours du XVIIIe siècle et rend leur chute irrémédiable. Les communautés d'artisans succombent sous le poids de la fiscalité royale, dont le développement est dû à l'appauvrissement général du royaume, à la durée des guerres continentales et coloniales.

A cette cause extérieure, il faut ajouter la désagrégation intérieure qui se produit dans les corps de métiers. Par leur esprit exclusif, étroitement jaloux des privilèges concédés, les corporations, devenues un obstacle pour tout nouveau progrès, se trouvent en contradiction avec l'évolution économique du nouveau régime, dont les germes apparaissent partout, à travers le choc de la bataille que les nations se livrent dans les deux mondes, comme dans les controverses passionnées des philosophes et des économistes.

L'examen des divers résultats de la législation générale des corps d'arts et métiers en Roussillon sous
la monarchie française (1660-1789) se divisera en quatre
sections distinctes :

I. — Histoire législative jusqu'à l'édit de Turgot
(1660-1776).

II. — État des corps et communautés du Roussillon
à la veille de 1776.

III. — Édits de février et d'août 1776. Suppression
et reconstitution des corporations.

IV. — Liquidation des dettes et créances des communautés. Leur abolition définitive (1791).

SECTION PREMIÈRE

HISTOIRE LÉGISLATIVE JUSQU'A L'ÉDIT DE NANTES (1776).

§ I. — **Les édits de Colbert ne furent pas appliqués en
Roussillon. — Preuves.**

L'idée générale de la période comprise entre 1660 et
1789 au point de vue de la législation des corps d'arts
et métiers en Roussillon, se résume en ce que cette province bénéficia d'une situation spéciale, durant les premiers temps de la conquête française.

Les édits de Colbert de 1664 et 1673, qui, rappelant
ceux de 1581 et 1597, prescrivaient l'établissement de

communautés dans tout le royaume; celui de 1671 portant suppression des lieux privilégiés et des juridictions seigneuriales, n'eurent aucune application en Roussillon. De même, l'édit fiscal de 1691 relatif à la création des offices de jurés, sindics, etc. ; de même enfin l'édit de mars 1694, qui instituait des offices d'auditeurs des comptes pour chaque corps de marchands de Paris et du royaume.

Notre affirmation s'appuie sur deux ordres de preuves :

1° D'abord, les documents ne font jamais mention de ces édits ou de leur exécution ; un pareil silence serait plus qu'extraordinaire si on les avait appliqués, car les dispositions royales nouvelles auraient bouleversé l'ancien état, le régime séculaire des corps d'arts et métiers du Roussillon. L'édit relatif aux offices municipaux, portant la date d'août 1692 (1), et exécuté selon les dispositions du règlement du 5 novembre 1693 (2), indique très bien que rien n'a été changé dans l'ancienne organisation corporative. Les consuls continuent à être les véritables législateurs des métiers ; l'intendant exerce seulement le pouvoir de police, conjointement avec eux.

Nous avons vu la portée exacte de ces édits dans la partie de notre étude consacrée aux rapports des métiers avec l'organisation politique. La mainmise royale n'avait donc pas eu plus d'action sur les corps de métiers que sur la commune, puisqu'en 1733 (3) les prescriptions de 1692 étaient renouvelées par un autre édit.

2° Une deuxième preuve plus décisive résulte d'une

(1) Arch. départ., C, 1534. Édit d'août 1692.
(2) Ibid., C, 1524. Règlement du 5 décembre 1693.
(3) Ibid., C, 1533. Edit de novembre 1733.

lettre du 4 avril 1708, adressée par M. d'Albaret, intendant du Roussillon, au contrôleur général des finances,
·Nicolas Desmarets (1).

« Il n'y a, dit-il, *dans tout mon département*, qu'à
Perpignan seul où il y ait des maîtrises ou corps de
métiers, et *c'est la ville de Perpignan qui, suivant les
anciens privilèges, a accordé aux dits corps leurs statuts et privilèges*, lesquels sont enregistrés à la maison
de ville où l'on y a recours au besoin. Outre cela, chaque corps de métier a son livre où les statuts y sont
écrits en parchemin, et ensuite toutes les délibérations
qui se font, année par année, pour les réglements de
leurs affaires. *Et ils dépendent tellement de la maison
de ville* que le bayle, qui est le chef, est celui qui leur
donne la permission de s'assembler lorsqu'ils veulent
délibérer sur quelque fait, dont ils doivent préalablement donner connaissance au dit bayle. »

Ce document, contemporain du fait dont nous parlons, écrit par une personne bien placée pour être
renseignée, écarte tous les doutes, et la probabilité que
nous tirions de l'état des documents devient une certitude. D'ailleurs, pour qui connaît l'histoire du Roussillon,
il est aisé de comprendre que la modification, d'autorité, d'une institution aussi importante que celle des
corporations, ne se serait pas effectuée sans provoquer des
résistances de la part d'une population fermement attachée à ses traditions et à ses privilèges. La démonstration est suffisante : nous n'y insistons pas.

_____

(1) Cette lettre se trouve dans la « Correspondance des contrôleurs généraux des finances avec les intendants de provinces » par
de Boislile et de Brotonne, t. III. Paris, Imprimerie nationale,
1897, in-f⁰, p. 9.

§ II. — Diverses phases de la mainmise royale sur les Métiers.

Quelles sont maintenant, les diverses manifestations de la puissance royale sur les corps d'arts et métiers du Roussillon, depuis 1660 jusqu'à la Révolution ? Comment s'est réalisée la tendance de la monarchie française à discipliner le travail, à le soumettre au régime corporatif obligatoire, en transformant les communautés d'arts et métiers, en un véritable corps d'état soumis au contrôle étroit du pouvoir central ?

La première atteinte dirigée contre le monopole des collèges et confréries, fut un arrêt du Conseil d'État du 23 mars 1686, « portant permission à *tous ouvriers français* de toute sorte d'arts et métiers, de s'établir dans la ville de Perpignan et autres villes du Roussillon (1) ». Cet arrêt est des plus instructifs.

Le roi, pour justifier son intervention, invoque des motifs d'intérêt public. Il rappelle les épidémies des années précédentes, dont les ravages, parmi la population du Roussillon, ont diminué le nombre d'ouvriers et de métiers. Puis, il allègue la difficulté d'arriver à la maîtrise « à cause des sommes excessives, que les dits maîtres qui restent des dites maîtrises, exigent des prétendants aux maîtrises ». Or, le public, a un intérêt évident à ce que les ouvriers soient nombreux ; par ce moyen, l'émulation amène le perfectionnement des

(1) Arrêt du 23 mars 1686, etc... Extrait des registres du Conseil d'État du Roy..., Arch. comm. de Perpignan, HH 6, fos 140 à 145, et Arch. départ., C, 1051.

produits sans trop de cherté. Le service du roi y trouve aussi des avantages ; les ouvriers peuvent, en effet, travailler aux « ouvrages de place, destinés à défendre les habitants ».

L'arrêt détermine trois modifications aux règlements ordinaires des métiers.

1° Tout ouvrier français, pourra « *travailler publiquement* » et tenir « *boutique ouverte* », dans toutes les villes « où il y a maîtrise ». La formalité de l'examen subsiste, mais les droits sont réduits et un délai de 5 mois est accordé à ceux qui n'auront pas les moyens de payer de suite.

2° Tous les métiers dans lesquels il n'y a point d'ouvriers, seront occupés par ceux qui voudront s'y établir. A titre d'encouragement, le roi les exempte de toute taxe, « même des droits de leurs confréries », pendant quatre ans. C'était une création indirecte des maîtrises.

3° En dernier lieu, deux catégories de personnes reçoivent un véritable privilège. Les maçons, forgerons, charpentiers, taillandiers, qui auront travaillé pendant quatre années, aux fortifications des places du Roussillon, « seront reçus dans chaque métier sans payer aucun droit ». Il leur suffira de produire un certificat de constat de l'ingénieur en chef des travaux.

Les apothicaires, chirurgiens, qui ont servi en qualité de major ou aide-major dans les places fortes, pendant la durée de quatre ans, seront admis dans leurs corps respectifs en payant la moitié des droits d'examen.

L'arrêt de 1686 ne souleva aucune difficulté, parce qu'il s'appliquait à des professions abandonnées et très restreintes. La preuve en est que les intéressés eux-mêmes, demandèrent au roi la prorogation de ces mesures, ce qui leur fut accordé par un nouvel arrêt du 23 décembre 1691 (1).

*
* *

De 1691 à 1722, nous ne possédons aucun texte réglementaire de la royauté, dont tous les efforts visaient, à ce moment, à mettre la main sur le pouvoir politique des villes. D'autre part, les graves préoccupations de la fin du règne de Louis XIV et de la Régence, sollicitaient ailleurs l'attention des pouvoirs publics. Mais à partir de 1722, tous les édits rendus par la royauté auront leur application, entière ou partielle, en Roussillon.

L'édit de novembre 1722, « registré au Conseil souverain du Roussillon, le 8 janvier 1723 (2), portait création de maîtrises, à l'occasion de l'avènement du roi à la couronne et de son sacre. Le privilège des lettres de maîtrise ainsi accordé moyennant finances, consistait à donner à leur acquéreur tous les prérogatives, droits et franchises dont les autres maîtres jouissaient, « sans qu'ils soient tenus de faire aucun chef-d'œuvre ou expérience, ni subir aucun examen, payer banquets, droits de confrérie, etc. ». Et comme pour briser d'avance tout essai d'infraction à cet édit, le roi faisait défense de recevoir personne aux maîtrises des divers métiers, « qu'au préalable les dites lettres de maîtrises n'ayent été remplies, et les reçus d'icelles reçus et mis en possession, sous peine de 200 livres d'amende ». La

(1) Arch. départ., C, 1051. Arrêt du Conseil d'État du 23 décembre 1691.

(2) Arch. départ., C, 1051.

charge ainsi acquise comme tous les offices royaux devait être héréditaire et se transmettre à la veuve et aux enfants de l'acquéreur.

En 1725, de nouvelles lettres de maîtrise furent créées par un édit promulgué lors du mariage du roi.

Comment ces édits furent-ils exécutés en Roussillon ?

Une ordonnance de François le Gros, intendant, nous le fait connaître (1). Nous y lisons que, malgré la défense du roi, plusieurs sindics ou surposés « ont reçu des maîtres par apprentissage ou par chef-d'œuvre ou parce qu'ils étaient fils de maître » ; d'autres « ont permis aux compagnons de travailler en public ou en secret ». Si forte avait été la tradition, que les communautés s'étaient permis de passer outre aux prescriptions royales.

Pour ne pas heurter de front les corporations du Roussillon, qui auraient résisté à la violence, l'intendant, au lieu de sévir vis-à-vis de tous les contrevenants, se contenta, par esprit politique, de rappeler les termes de l'édit, dans une ordonnance nouvelle. Convaincu d'avance qu'il serait désobéi en secret, il demanda aux sindics, regidors ou surposés des métiers, de lui remettre, dans la huitaine, l'état de tous les maîtres des divers corps avec la date de leur réception (2).

(1) Ibid., C, 1051.

(2) Malgré nos recherches, nous avons le regret de n'avoir pas trouvé ces divers états, dont l'intérêt eût été, sans doute, très vif.

§ III. — Édit de 1745. — Son application.

Jusqu'en 1745, aucun événement important n'avait troublé la vie corporative ; en tout cas, aucun document n'est venu nous indiquer le contraire.

A partir de 1740 jusqu'à la veille de l'édit de Turgot, les corporations d'arts et métiers du Roussillon, déjà en pleine décadence, comme nous le verrons bientôt, sont mis à contribution comme ceux de la France entière, pour payer les dépenses des guerres de la succession d'Autriche et de Sept Ans. Pour se procurer de l'argent, la royauté recourut à l'expédient des créations d'offices.

L'édit de février 1745 (1) créa des offices d'inspecteurs-contrôleurs dans les corps des marchands et les communautés d'arts et métiers, et un arrêt d'avril de la même année en autorisa le rachat (2).

Quels furent les résultats de ces deux édits ?

La situation dans laquelle se trouvaient les corps d'arts et métiers, ne leur permettait pas le rachat des charges qu'on leur imposait. Aussi, quelque temps après, le roi dut-il faire un arrêt pour hâter le recouvrement de la finance des offices (3), d'après lequel les finances étaient « réparties et imposées sur les marchands et artisans de chacun art et profession pour lesquels ils ont été créés, proportionnellement aux facultés de cha-

---

(1) Arch. départ. Édit du roi, février 1745. C, 1056.
(2) Ibid.
(3) Arch. départ., C, 1056. Arrêt du 10 janvier 1747.

cun ». Elles devront être payées par tiers avant le 1er juin suivant. Et d'abord le roi veut qu'on paye, les « représentations » seront admises ensuite.

Malgré cet arrêt, malgré les modérations de taxes consenties par le roi, les finances rentraient lentement. Le Contrôleur général, peu au courant des choses du Roussillon, écrivait à l'Intendant des lettres pressantes, pour le prier de faire rentrer plus vite l'argent. L'Intendant répondit à la fin, par un long mémoire du 23 mars 1747, pour expliquer l'état des choses (1).

Ce document est capital ; en voici l'analyse.

L'Intendant explique combien les obstacles sont grands pour recouvrer les finances, et surtout difficiles à vaincre. Ils proviennent surtout, « de l'impuissance où sont ces mêmes corps d'arts et métiers, d'acquitter les sommes auxquelles ils sont taxés, non seulement parce qu'*elles sont portées à un point qui les rend hors d'état de pouvoir les acquitter*, mais encore par rapport à la grande diminution que, généralement, tous les artisans souffrent dans leur travail, depuis le commencement de la guerre, ce qui répand si fort la misère, qu'à peine sont-ils en état de payer leurs taxes de capitation et de dixième, dont le recouvrement devient tous les jours de plus en plus difficile. »

Pour mieux confirmer la vérité de son affirmation, l'Intendant dresse un tableau comparatif du montant de la capitation et de celui des nouvelles finances.

_____

(1) Ibid. Lettre de M. l'Intendant du Roussillon au Contrôleur général des Finances à Paris, 23 mars 1747. C, 1056.

Par exemple :

les Corroyeurs payent de capitation 294[l]. Les nouvelles finances s'élèvent à 2.520[l]

— Bouchers	—	300	2.700
— Chapeliers	—	32	360
— Cordonniers	—	113	600
— Perruquiers	—	125	900
— Poissonniers	—	303	3.900
— Potiers	—	125	600
— Hotes	—	164	2.560
— Chirurgiens	—	162	600

Ces quelques chiffres, pris au hasard, montrent quelle exorbitante disproportion existait, entre les finances d'office et la capitation. Les charges que le roi imposait aux corps de métiers étaient d'autant plus lourdes, que les membres étaient moins nombreux. L'Intendant concluait que ces taxes étaient au-dessus des forces des contribuables : « *Il est impossible de pouvoir se promettre d'en faire le recouvrement,* quand bien même on les dépouillerait de tous les meubles et effets qu'ils peuvent avoir dans leur maison ».

Ces brèves paroles, dans leur froide éloquence, en disent plus long qu'une démonstration. De l'aveu même de l'intendant, dont les éléments d'information étaient puisés à une source sûre, la situation économique des corporations était des plus lamentables.

Ceci s'applique à Perpignan, où les marchands drapiers, les apothicaires et les maçons étaient seuls « en état de faire la réunion des offices à leur corps ».

La misère était bien plus grande encore dans les autres villes et bourgs du département. Voici comment l'intendant caractérisait l'état de leurs communautés : « Elles ont bien moins de ressources que celles de cette ville ;... les artisans, pour la plupart, n'exercent leurs métiers que par intervalles, faute d'ouvrage. » L'intendant indiquait, comme solution de ces difficultés, de fixer les finances « au double de la capitation » pour toute la province. Sinon « on accablera inutilement ces artisans de frais et de contraintes » et il est à craindre qu'on ne les réduise tous à la mendicité. Les nombreuses requêtes des divers corps, adressées à l'intendant, ne prouvent que trop la vérité de ses paroles (1).

Tels sont les effets de l'édit de 1745 sur la création des inspecteurs et contrôleurs. La pauvreté des corps de métiers du Roussillon avait entravé son exécution.

§ IV. — Conclusion.

De 1745 à 1776, les différents droits ou arrêts promulgués, ne paraissent avoir exercé aucune influence sur les corporations du Roussillon. Tous furent cependant enregistrés au Conseil souverain, et nous leur devons au moins une mention.

En 1755 (2), un arrêt du Conseil d'État déclare qu'il suffisait aux artisans de justifier d'un apprentissage ou d'un compagnonnage, pour être admis à la maîtrise de leur profession, dans la ville où ils voudraient s'établir.

Le 3 mars 1767 (3), un édit du roi rétablissait les

---

(1) Arch. départ., C, 1056. Nous avons lu les requêtes des cordiers, bourreliers, vanniers, maréchaux, serruriers, maîtres d'école, etc. Toutes donnent la même impression et disent que la situation des communautés est désespérée si on n'y porte remède.

(2) Arch. départ., C, 1051. Arrêt du 25 mars 1755.

(3) Ibid., C, 1051. Édit du 3 mars 1767.

lettres de maîtrise, sous le prétexte de favoriser le commerce et l'industrie. Pourtant le pouvoir royal était loin de songer à supprimer le monopole des corporations, car, un arrêt du 25 août de la même année (1), renouvelait les prescriptions de 1581, 1597 et 1673, en même temps qu'il fixait le prix des nouvelles maîtrises. C'était, par conséquent, une mesure fiscale.

Concluons : les collèges et confréries du Roussillon, sans revenus, sans autres ressources que celles qui provenaient des cotisations de leurs membres, étaient en pleine décadence, et la législation des métiers n'avait plus aucune prise sur eux.

Avant d'arriver à l'édit de Turgot, qui termine la législation des métiers, il convient d'indiquer quel était, au milieu du XVIIIᵉ siècle, l'état des corps et communautés de Perpignan et du Roussillon.

SECTION II

ÉTAT DES COMMUNAUTÉS DU ROUSSILLON A LA VEILLE DE L'ÉDIT DE TURGOT.

§ I. — Les Corporations à Perpignan.

Des documents très précis et d'une grande valeur, puisqu'ils émanent : l'un, du baille conseiller du roi, l'autre, des consuls, nous permettent d'établir un

(1) Ibid., C, 1051. Arrêt du 23 août 1767.

tableau fidèle de l'état des Corps et Confréries de Perpignan au milieu du XVIIIe siècle.

Un mémoire du baille Joseph Llamby (1), nous indique la situation matérielle d'un très grand nombre de membres des différents corps de métiers. Nous avons relevé sur ce texte, 248 noms. Les diverses observations qui accompagnent la désignation et la qualité de chaque artisan, témoignent de leur état de pauvreté extrême. La plupart des confrères sont morts « ne possédant rien » ou « dans la dernière misère » ou à « l'hôpital ». D'autres sont signalés comme « ne travaillant pas du métier depuis longtemps » ou comme « travaillant en qualité de garçon » et « très misérables ». Quelques-uns possèdent une petite maison, mais « la plupart sont en si mauvais état, qu'il nous est revenu que quelques-unes d'icelles ayant été mises aux enchères, en ont dû être retirées faute d'acheteurs ».

Il est vrai, c'est là sans doute la condition des ouvriers, qui, ne possédant presque rien, vivaient uniquement de leur travail. Le commerce, à cette époque, était peu prospère et la production suffisait à la consommation locale. Un rapport des consuls à l'Intendant indique même qu'il n'existe qu'une seule manufacture de savons ; « c'est là tout le commerce qui se fait dans la ville de Perpignan (2) ». Par conséquent la situation des métiers de la ville ne devait pas être très brillante. Le peu d'étendue de leurs débouchés et le monopole de chaque produit par des corps distincts, leur imposait une action économique restreinte.

---

(1) Arch. départ., C, 1541, 9 août 1766.
(2) Ibid., C, 1541.

Quelle était la division sociale en 1767 (1) ? On classait les habitants par états, corps d'arts et métiers et travailleurs de terre.

· 1° L'état de la noblesse comprenait les gentilshommes, citoyens nobles, avocats ou médecins. Puis venaient, l'état des mercaders et notaires du collège royal, le corps et collège des procureurs, les huissiers en la cour et aux juridictions royales, les employés des fermes du roi et les hommes de place ou bourgeois vivant de leurs revenus. A part les officiers royaux, c'était les mêmes catégories qu'en 1622.

2° Les corps d'arts et métiers se divisaient en 11 collèges et en 23 confréries.

Les collèges comprenaient « les notables artisans » répartis en onze groupes dont voici le nombre des membres (2) :

1° Apothicaires	7 membres.	
2° Boutonniers, passementiers, enjoliveurs.	10	—
3° Chapeliers, garnisseurs	5	—
4° Chirurgiens	2	—
8° Mangonniers	16	—
6° Droguistes, épiciers, sucriers, ciriers.	35	—
7° Marchands drapiers, toiliers, soyers, merciers.	29	—
8° Orfèvres, joailliers, grossiers, graveurs. . . . , ...	22	—

(1) Arch. départ., C, 1052. État du 16 novembre 1767.

(2) Arch. départ. Les nombres indiquant les membres ou maîtres de chaque corps, sont extraits de l'état des Corps et Communautés de la série C, 1052.

9° Peintres, doreurs, sculpteurs,
   brodeurs. . . . .   7 membres.

10° Perruquiers et baigneurs   19   —

11° Pelletiers, parfumeurs, gantiers .   7   —

Nul ne pouvait exercer aucun des arts dénommés,
sans être membre du collège correspondant. Les surposés veillaient à ce qu'il ne se produisît aucune infraction
à cette règle. La distinction établie en 1622, entre les
arts honorables et les arts mécaniques, s'est perpétuée
à travers les siècles. En 1767, comme en 1622, c'est
d'après ce critérium que les corps d'états et métiers se
trouvent classés en collèges et confréries.

Les confréries se composent des simples artisans.

Ce sont les suivantes :

1° Assahonadors et corroyeurs . . .   5 membres.

2° Bourreliers, bastiers, vanniers . .   23   —

3° Blanquers et chamoiseurs   33   —

4° Bouchers   24   —

5° Boulangers   58   —

6° Cabaretiers et aubergistes   22   —

7° Menuisiers, charpentiers, tonne-
   liers, tourneurs, charrons . . .   78   —

8° Cordiers   14   —

9° Cordonniers et savetiers   148   —

10° Hôtes.   79   —

11° Maçons, couvreurs, tailleurs de
    pierre   55   —

12° Maréchaux, cloutiers, fourbis-
    seurs, vitriers, armuriers, tail-
    landiers   75   —

13° Meuniers   21   —

14° Pareurs et teinturiers   26   —

15° Rotisseurs . . . .   12 membres.

16° Poissonniers   41   —

17° Pelliers, fabricants de peignes et
de chapeaux   6   —

18° Potiers de terre et natiers   24   —

19° Tailleurs, fripiers, chaussetiers . .   99   —

20° Serruriers   12   —

21° Tuiliers, briquetiers   9   —

22° Tisserands à laine, ouvriers en
soie   10   —

23° Tisserands à lin   19   —

Habitants du faubourg   56   —

Comme les collèges, ces confréries étaient fermées et nul ne pouvait exercer aucun de ces 23 métiers, sans être reçu ou agrégé à l'un d'entre eux.

Seule la profession de *brassier*, ou travailleur de terre, ne demande aucune formalité. Lorsqu'un travailleur de terre vient à Perpignan, le chef du corps des brassiers l'inscrit dans son état et l'admission est accomplie par ce fait. Quant aux habitants du faubourg, ils peuvent exercer tout commerce sans être groupés en communauté et astreints à la réception dans le métier. Cependant la majeure partie des ouvriers du faubourg est agrégée aux corps et confréries de la ville, afin de pouvoir y aller travailler.

* * *

Quels étaient les biens, revenus et charges des Collèges et Confréries ?

D'une manière générale, les corporations étaient pauvres et leurs charges plus importantes que leurs revenus.

Après l'Édit de 1776, les communautés avaient été

appelées à établir l'inventaire de leurs biens, et à faire connaître l'état de leurs revenus et de leurs dettes. Ces inventaires, dressés par les viguiers, étaient transmis au trésorier général des deniers des corps et métiers, Rouilhé de l'Estang, seul désigné pour remplir cet office. Nous possédons tous ces rapports (1).

Nous y voyons que les biens des communautés, consistent surtout en objets de piété : ornements du culte et de la chapelle de la Confrérie, étendards dont l'état de vétusté est consigné en toutes lettres, voilà les principaux effets dont l'inscription revient, monotone, invariable, sur les pages de chaque inventaire. Ce sont comme les témoins matériels et muets du caractère religieux des anciens corps de métiers.

Les seules richesses de quelque valeur étaient les reliquaires : mais, peu de confréries en possédaient. Certaines avaient aussi des titres de rentes d'infime valeur. Ainsi, les corroyeurs étaient détenteurs d'une « rente de 25 livres » ; les tanneurs, « de quelques obligations consenties en faveur de leurs corps, » les boutonniers, « d'une créance du roi de 194 livres sept sous », pour le rachat des offices d'inspecteur et de contrôleur ; de même les droguistes, les garnisseurs et chapeliers.

Les charges des corps et communautés consistent à entretenir la confrérie ; les fêtes religieuses sont fréquentes mais peu coûteuses : les membres des corps, se cotisent pour payer les frais, lorsque l'argent et les dons manquent à la caisse.

---

(1) Arch. départ., C, 1053. Inventaire des effets mis sous scellé, en vertu de l'arrêt du 1er septembre 1776.

En somme, l'état des corps et communautés à Perpignan, à la veille de l'édit de Turgot, est presque voisin de la ruine. On comprend maintenant que leur influence dans la commune, fût réduite à néant. La situation des corporations dans les autres bourgs du Roussillon n'était pas meilleure.

§ II. — **État des corps et communautés du Roussillon** (1).

Le 8 janvier 1762, Gustave Bon, intendant du Roussillon, écrit (2) à MM. les consuls de Perpignan et aux divers viguiers, pour les avertir que le roi cherche à réunir plusieurs communautés qui ont entre elles une connexité, soit qu'elles appartiennent « à la classe des artisans qui apprêtent et préparent la matière première. », soit « qu'elles doivent être mises dans la classe des artistes ». Pour les professions plus séparées, on agrégera celles « dont les ouvrages se trouvent souvent résumés par le fait ; par exemple, les traiteurs et les rôtisseurs avec les aubergistes, etc. »

En conséquence, l'intendant demande un état des diverses communautés d'arts et métiers, indiquant le nombre de maîtres, leurs dettes, leurs revenus et un avis sur les unions qu'il conviendrait de faire. Les états demandés (3), dont les archives ont conservé le texte,

(1) Par le mot Roussillon, nous entendons désigner la province tout entière, Capcir, Conflent et Cerdagne réunis.

(2) Arch. départ., C, 1051. Lettre de l'intendant aux consuls et viguiers.

(3) Ibid. États dressés conformément à la lettre de l'intendant, C. 1052.

reflètent la physionomie réelle du régime corporatif quelques années avant l'édit de Turgot.

Voici ce que nous y avons trouvé d'essentiel :

Dans la viguerie de Roussillon et de Vallespir, deux villes, Thuir et Prats de Mollo, ont des corps d'artisans formant jurande.

Dans la viguerie du Conflent et Capcir, les villes de Villefranche, Prades et Vinça, sont les seules où des corps d'artisans constitués existent ; dans les autres communautés, chacun exerce son métier sans aucune formalité, sans même être obligé de passer maître. Dans ces villes, aucun corps ne peut s'assembler pour quelque cause que ce soit, hors de la présence du baille.

Quelle est la situation particulière des autres principaux bourgs ?

1° A *Thuir*, les corps de métiers n'ont pas de revenus. Les membres sont tenus de fournir annuellement 13 livres, pour les frais de la fête. Chaque maître paye 20 livres en argent, pour sa réception. En 1762, le nombre des maîtres des différents corps est de 62.

2° A *Elne*, le corps des tailleurs seul, a la charge de fournir la cire à l'église. Les comptes sont donnés chaque année devant les maîtres qui composent la communauté, en présence du curé. Il en est de même pour tous les autres groupes d'artisans. L'évêque, en cours de visite, revise les registres. Le nombre de maîtres d'Elne s'élève à 23.

3° A *Arles*, les comptes sont rendus verbalement, tous les ans, par devant tous les maîtres assemblés. Dans le corps des tisserands, le prieur et le vicaire général de l'abbé d'Arles, assistent à la réunion des maîtres. Toutes les confréries réunies comprennent 78 membres.

4° A *Prats de Mollo*, les revenus de la confrérie des pareurs et tisserands, suffisent à peine pour payer les charges. Lorsqu'il y a des dépenses exceptionnelles, les particuliers se cotisent pour les solder. Le nombre des membres est de 50.

5° A *Ille*, en dehors des menuisiers, potiers et vanniers, qui n'ont pas de revenus, il n'y a point de corps de métiers. Il est libre à tout artisan de s'établir dans cette ville, sans rien payer. Seuls, les chirurgiens doivent être reçus par le protomedic de la province. Il n'y a d'ailleurs en tout que 81 artisans.

6° A *Céret*, les maîtres se cotisent pour les frais qu'ils ont à faire. C'est la règle générale pour tous les membres de chaque corps. Il y a, dans la ville de Céret, 107 artisans.

7° A *Collioure*, la situation se résume dans ces trois idées :

Les artisans travaillent en corps, sans avoir de statuts ni de jurandes ;

Ils n'ont pas besoin de passer maîtres ;

Les étrangers sont admis, s'ils présentent un certificat de bonne vie et mœurs.

Le nombre d'artisans est de 81.

8° A *Vinça*, il y a 76 artisans.

9° A *Prades*, 85.

10° A *Villefranche*, 41.

Dans chacune de ces trois villes, les corps de métiers n'ont aucun revenu fixe ; les maîtres payent un droit de réception et des cotisations : leur produit est employé à subvenir aux charges qui consistent en illuminations.

Pour ce qui concerne les hôtelleries, le viguier du
Conflent note, dans son état, une remarque bien intéressante. Il nous dit qu'en dehors des hôtes de Perpignan, il n'y a, dans toute la province, ni aubergistes,
ni cabaretiers, ni taverniers, « ny toute autre espèce
de métier pareil ». « *Les villes et communautés* ont un
cabaret, auberge ou tel autre endroit public, pour donner à manger et à boire aux passants. » Cela forme un
revenu que la communauté afferme annuellement aux
enchères. Le fermier *a le droit exclusif* de donner à
manger et à boire aux personnes de passage ; d'ailleurs
il s'y oblige sous peine d'amende, inscrite dans son bail.
Cet adjudicataire s'occupe, en même temps, de l'approvisionnement général de la commune : il en est ainsi
pour le pain et la viande, par exemple. Aussi, n'y a-t-
il, dans les bourgs, ni boulangers, ni bouchers, « et ce
serait inutilement, dit le viguier, une fois que les communautés ont le droit exclusif à cet égard et que ce
sont là tout autant d'octrois qui forment leur revenu ».

Ainsi donc l'approvisionnement d'une commune était
considéré comme un véritable service public, et ce
détail, facile à expliquer à une époque où les difficultés
de communication étaient grandes entre les diverses
régions, ne manque pas de piquant ; ce système présente
en effet, des analogies, avec celui des boulangeries ou
des boucheries municipales.

* *
*

Par tout ce qui précède, nous sommes fondés à dire,
que la province de Roussillon, comme beaucoup d'autres provinces de la France, traversait, à la fin du XVIIIe
siècle, une crise économique des plus redoutables. Et

si nous n'avions pas d'autres documents pour nous en assurer, l'état des corps d'arts et métiers avant l'édit de Turgot, suffirait à nous le faire deviner.

Les corporations du Roussillon n'auraient pas résisté par elles-mêmes, à la veille de 1776, à une action très énergique de l'autorité royale, tant elles prêtaient à une critique victorieuse. Institutions sans vie et sans force, elles allaient être emportées par le mouvement général des faits et des idées de la fin du XVIIIᵉ siècle, dont l'aboutissant devait nécessairement conduire, à la suppression définitive d'un régime qui s'était condamné lui-même.

SECTION III

ÉDITS DE FÉVRIER ET D'AOUT 1776. — SUPPRESSION ET RECONSTITUTION DES CORPORATIONS

§ I. — État des faits et de l'opinion. — Économistes et Philosophes.

Le système de la Corporation française, le caractère exclusif et étroit des communautés n'était pas seulement en contradiction manifeste avec le mouvement général des faits. Tout évoluait autour d'elles tandis qu'elles s'immobilisaient, figées en quelque sorte, dans l'observation de règlements d'un autre âge. « L'édifice corporatif, qui aux XIIIᵉ et XIVᵉ siècles évoquait l'image d'une de ces belles cathédrales gothiques dont le portail large ouvert et les vastes nefs semblent appeler sans distinction de rang ni de fortune, tous les fidèles à la prière et à l'action de grâces, n'apparaît plus, au XVIIIe siècle, que sous la forme d'une Bastille où se retranche une oligarchie jalouse et avare qui ne voit pas grossir autour d'elle le flot des assiégeants (1). »

Mais l'existence de cette institution se trouvait surtout en contradiction avec l'état de l'opinion des controverses philosophiques et économiques; la vogue du système physiocratique, le principe nouveau d'un « ordre naturel » comme fondement de toute société, le souffle ardent de liberté qui animait l'esprit des grands philosophes, tout cela avait provoqué un vaste ébranlement dans la vieille société monarchique, compromise encore dans son existence, par les fautes de ses dirigeants.

La Corporation, qui représentait avant tout l'esprit de monopole et de conservation des privilèges, eut à soutenir les plus rudes assauts de l'esprit novateur.

Après les *Maximes du Gouvernement* de Quesnay (1758), et le *Mémoire sur les Corps de métiers*, publié à Amiens par l'économiste Clicquot de Blervache, après les attaques de l'*Encyclopédie* (2), et malgré la timidité de la royauté, dont les corps d'arts et métiers servaient les intérêts fiscaux, la question de la suppression des corporations fut mise à l'ordre du jour.

Philosophistes et économistes, réunis dans la même bataille pour la liberté, allaient trouver dans Turgot,

_____

(1) Étienne Martin-Saint-Léon. *Les corporations de métiers*, op. cit., p. 427.

(2) V. Article *Maîtrises*, par Fiquet de Villeneuve.

l'homme capable de réaliser enfin, la révolution qu'ils
souhaitaient de voir s'accomplir dans le système administratif et économique de la France.

§ II. — Édits de 1776 (Février et Août). — Leur application.

Nous n'avons pas l'intention, et ce n'est pas ici le
lieu, d'étudier l'œuvre grandiose de Turgot dans son
ensemble. Nous devons simplement marquer les résultats de sa réforme en Roussillon.

Par l'édit de février 1776 (1) une ère nouvelle, celle
de la liberté du travail, était solennellement ouverte.
Turgot en avait fait précéder les articles, d'un long préambule ; intéressant exposé des motifs, où nous trouvons
les idées générales qui l'avaient inspiré, et sur lesquelles s'échaffaudait tout son plan de réformes économiques.

Ses principes sont ceux du droit naturel (2). Or, le
droit de travailler est le plus précieux de tous, celui
dont les gouvernants doivent assurer l'exercice, car
c'est « un des premiers devoirs de leur justice ».

_____

(1) Arch. départ., Édit de Turgot, 1776, C, 1053.

(2) Édit de Turgot, Arch. départ., C, 1053. « Nous devons à nos
sujets de leur assurer la jouissance pleine et entière de leurs droits,
nous devons surtout notre protection à cette classe d'hommes qui
n'ont de propriété que leur travail et leur industrie... »

« Dieu, en donnant à l'homme des besoins, en rendant nécessaire la ressource du travail, a fait du droit de travailler la propriété de tout homme, et cette propriété est la première, la plus
sacrée et la plus imprescriptible de toutes ».

Aussi, après un tableau général de l'histoire des corps d'arts et métiers, Turgot décrète leur suppression dans les termes suivants : « Article premier. — *Il sera libre à toutes personnes de quelque qualité et condition qu'elles soient, même à tous les étrangers, encore qu'ils n'eussent point obtenu de nous des lettres de naturalité, d'embrasser, d'exercer, dans tout notre royaume, toute espèce de commerce et telle profession d'arts et métiers que bon leur semblera, même d'en réunir plusieurs ; à l'effet de quoi nous avons éteint et supprimé, éteignons et supprimons tous les Corps et Communautés de marchands et d'artisans, ainsi que les maîtrises et jurandes ; abrogeons tous les Privilèges, Statuts et Réglements donnés aux dits Corps et Communautés, pour raisons desquels nul de nos sujets ne pourra être troublé dans l'exercice de son commerce et de sa profession, pour quelque cause et sous quelque prétexte que ce soit* ».

C'était l'abolition radicale d'une forme séculaire de l'organisation du Travail. Pour prévenir la reconstitution du régime supprimé, et comme « la source du mal est dans la faculté même accordée aux citoyens d'un même métier, de s'assembler et de se réunir en corps », Turgot interdisait toute association volontaire d'artisans (1).

L'œuvre nouvelle était accomplie, et malgré la vive opposition des Parlements de Paris et d'autres villes, un arrêt du Conseil d'État du 20 avril 1776 (2) réglait

---

(1) Quatre professions restaient en dehors de l'Édit « les perruquiers, la pharmacie, l'orfévrerie, l'imprimerie et la librairie (art. IV et V) ».

(2) Arch. départ., C, 1052. Arrêt du Conseil d'État du 20 avril 1776.

son application et confiait, dans chaque généralité, la
liquidation des créances et des dettes des communautés
à l'intendant.

*
* *

Comment l'édit de 1776 fut-il appliqué en Roussillon ?

Le grand reproche, souvent adressé à Turgot, c'est
d'avoir voulu opérer brusquement, sans transition, la
transformatiou d'un ordre de choses très ancien, qui
avait dans les mœurs des artisans, de profondes racines.
La loi générale, la constitution organique du travail
avait créé des liens puissants parmi les maîtres et les
artisans ; on pouvait craindre que leur rupture violente,
ne fût une œuvre d'imprévoyance.

Turgot s'était cependant rendu compte de la relati-
vité des milieux, il savait que les mœurs, les habitudes
et les institutions ne se développent pas suivant des
plans en quelque sorte parallèles, mais qu'au contraire,
il y avait des étapes bien différentes, sur la même route
du progrès. En voici la preuve.

Nos archives ont conservé la correspondance pré-
cieuse de ce grand ministre, avec l'intendant du Roussillon. La première lettre est datée du 30 avril 1776 (1) ;
écrite après l'arrêt du Conseil d'État, elle montre la
préoccupation de Turgot de n'appliquer l'édit du mois
de février qu'après la connaissance exacte de la situation des communautés. « La province de Roussillon,
dit-il, n'ayant pas toujours fait partie du royaume, il

_____

(1) Arch. départ., C, 1053. Lettre de Turgot à l'Intendant de
Roussillon, 30 avril 1776.

serait possible que l'état des jurandes y fût différent et dérivât de titres qui tinsent à une constitution particulière de cette province. » Il recommandait à l'intendant de recueillir les renseignements nécessaires à « l'exécution de ce *plan de liberté* adopté par le Roy ».

La seconde lettre donne à l'intendant les pouvoirs nécessaires pour recueillir les titres de créance et dettes de la communauté,

Le crédit de Turgot auprès du roi, avait diminué depuis le lit de justice du Parlement de Paris (12 mars 1776), et ses édits, avaient coalisé contre lui tous ceux dont ils lésaient les intérêts. Quoi qu'il en soit, le 12 mai 1776, il recevait sa lettre de renvoi, et l'exécution de son œuvre se trouvait arrêtée.

* *
*

Son successeur, Maurepas, mit à l'étude la question de la reconstitution des corporations.

L'incertitude fut grande en province. Une lettre du Contrôleur général des finances à M. de la Porte, intendant, en témoigne (1). La situation devint claire quelques mois après, par la promulgation de l'Édit d'août 1776 (2) ; la réforme opérée ne faisait pas table rase comme celle de Turgot, mais s'efforçait de corriger les abus des institutions corporatives qu'elle laissait

(1) Arch. départ., C, 1053. Lettre du Contrôleur général, 17 juillet 1776. — « Comme je crains que les bruits qui se répandent, des nouveaux arrangements que Sa Majesté se propose de prendre sur cet objet, ne ralentissent votre zèle, je suis bien aise de vous prévenir que, quelque parti que Sa Majesté prenne pour l'avenir, qu'elle ne s'en chargera pas moins des dettes des communautés. »

(2) Arch. départ., C, 1050. Édit d'août 1776.

subsister. Les principes qui en guidaient l'application
nous sont révélés par une lettre de M. de Culigny,
Contrôleur général des finances, à l'intendant de Roussillon (1). L'Édit du Roi devra servir seulement *de
base* aux opérations de l'intendant, qui, « à cause des
différences nécessaires que les circonstances locales et
l'intérêt du commerce doivent produire », aura le droit
de faire des modifications ou des additions.

L'objet que le roi s'est proposé d'atteindre, est clairement exprimé. « *Je vous observe seulement que l'intention de Sa Majesté, est de faire liquider et rem-
bourser dans toutes les villes de son royaume, les dettes
actuelles des Communautés d'arts et métiers avec le
produit de la vente de leurs meubles et immeubles et
les fonds qu'il y ajoutera en cas de besoin* ».

Quelque temps après, le 19 septembre 1776 (2), l'intendant adressait sa réponse au contrôleur général des
finances, en y joignant un état des « observations à
faire sur l'Édit du mois d'août 1776..., pour rendre cette
loi applicable au ressort du Parlement de Toulouse, et
à celui du Conseil supérieur du Roussillon (3) ».

Nous croyons devoir citer le passage le plus carac-
téristique de cette lettre sur l'état des corps et communautés.

« N'aïant pas cru, Monsieur, devoir opiner pour la
suppression d'aucuns des corps actuellement établis en

_____

(1) Ibid., C, 1053. Lettre du Contrôleur général à l'Intendant,
26 août 1776.

(2) Arch. départ., C, 1053. Lettre de l'Intendant, 19 sept. 1776.

(3) Ibid., C, 1053. Malgré sa longueur, nous n'hésitons pas à
publier le texte même de ce document qui était appelé à constituer la véritable règle législative des Corps d'arts et métiers en
Roussillon. Voir l'appendice.

jurandes, et n'y aïans aucune espèce d'uniformité entre les villes de la même province, sur la nature des corporations ; le commerce ou le métier qui, dans l'une, exige réception à la maîtrise, étant absolument libre dans l'autre, je n'ai pu rédiger le second des États que vous désirés de ces Communautés, de par l'importance qu'on peut abandonner aux besoins du pauvre ; j'ai pensé même que cet état serait absolument inutile, toutes les professions non comprises dans le nombre de celles qui seront assujetties à des lettres de maîtrise devant naturellement rester libres ; à quoi il y a d'autant moins d'inconvénients, que ces professions sont du plus modique objet, ce qui semble démontré par la cumulation des différentes professions, par le petit nombre de ses maîtres et par la médiocrité des droits dans les Communautés qui, successivement, se sont formées en jurande (1) ».

⁎
⁎ ⁎

Nous n'analyserons pas l'Édit d'août 1776 dont l'application au Roussillon, était susceptible de recevoir des modifications.

Les diverses phases de l'exécution furent marquées par quatre actes de l'autorité royale.

1° L'arrêt du Conseil du 1ᵉʳ septembre 1776, ordonna la mise des scellés sur les effets des Communautés (2).

L'intendant du Roussillon crut devoir, en 1778, avertir le contrôleur général de l'état des Corps et Communautés de la province, par suite de l'apposition des

---

(1) Arch. départ., C, 1053. Lettre de l'Intendant, pièce citée.
(2) Ibid., C, 1053.

scellés non suivie de la vente immédiate des effets. « Il résulte de cette situation, écrit-il (1), que depuis deux ans, les Communautés d'arts et métiers sont dans le plus grand désordre. Les effets mis sous les scellés pourrissent et se gâtent, les créanciers qui ne sont pas payés, souffrent du retard que leurs débiteurs leur font involontairement éprouver. Enfin, nombre de particuliers ne pouvant se faire recevoir maîtres, se trouvent privés d'un secours dont plusieurs auraient besoin pour pouvoir élever leurs familles ».

2° L'année suivante (mai 1779), un Édit ordonna qu'il serait procédé à la vente et à l'adjudication des effets des communautés supprimées ; les créanciers étaient invités à représenter au Conseil leurs titres de créance « dans deux mois pour tout délai » (art. XXXII) (2).

3° L'arrêt du Conseil du 31 juillet 1779 nomme François-Nicolas Collot, avocat au Parlement, à titre de Commissaire de la liquidation des dettes des Communautés (3).

4° Certains maîtres, se trouvèrent dans l'impossibilité de payer les maîtrises, malgré la modération des droits qui leur avait été accordée. Par arrêt du Conseil du 9 août 1779, le roi prorogea jusqu'au premier janvier, les délais fixés par l'édit de mai précédent (4).

Tels étaient les préliminaires de l'application du second édit de 1776. Maurepas essayait de reformer le vieil organisme corporatif : l'état des biens des Commu-

---

(1) Ibid., C, 1053. Lettre de l'Intendant à Necker, 18 juin 1778.
(2) Arch. départ., C, 1053. Edit de mai 1779,
(3) Ibid., C, 1053. Arrêt du Conseil du 31 juillet 1779.
(4) Ibid., C, 1053. Arrêt du Conseil du 9 août 1779.

nautés dont nous analyserons la liquidation, prouvera qu'il fallait une transformation autrement profonde que celle d'un édit, pour reconstruire un édifice ruiné depuis longtemps déjà par tant de causes, dont les plus importantes, loin d'être locales, se rattachaient à la crise générale de la France à cette époque, à l'accaparement de la richesse par les classes privilégiées, plus encore peut-être qu'au monopole des corps et métiers.

SECTION IV

LIQUIDATION DES DETTES ET CRÉANCES DES COMMUNAUTÉS. — LEUR SUPPRESSION DÉFINITIVE.

§ I. — Rapport de Pierre Lacroix.

Deux mois avant le procès-verbal de liquidation des dettes des Communautés, l'intendant du Roussillon faisait savoir au ministre (1) que la vente des effets des corps de métiers allait avoir lieu, mais qu'elle donnerait de médiocres ressources. Les effets mis sous scellés avaient peu de valeur : les calices, les reliquaires formaient les seules richesses de quelque prix.

Quels furent les résultats de la vente des biens des corporations ? Nous pouvons les apprécier en toute certitude, puisque le rapport de Pierre Lacroix, préposé

---

(1) Arch. départ. Lettre de M. de Saint-Sauveur à M. de Necker, 5 juillet 1779, C, 1053.

de M. Rouilhé de l'Estang nous a été conservé (1). Ce procès-verbal est divisé en deux parties ; l'une se rapporte aux recettes, l'autre aux dépenses.

1° *Recettes.*

Elles sont classées dans six chapitres, dont voici l'analyse.

Chap. Ier. — Deniers trouvés entre les mains des surposés ou chefs des corps, à l'époque de la levée des scellés.

Le total comprend les deniers des Communautés de toute la province de Roussillon et s'élève à la somme de . . . . 412^l 10^s 9^d

Chap. 2. — Sommes reçues des différents débiteurs des corps supprimés. . . . . 4.254^l 7^s

Chap. 3. — Produit de la vente des immeubles . . . . 7.453^l 12^s 8^d

La répartition de cette somme, était ainsi établie :

Vente de la maison appartenant au corps des selliers . . . . . 720^l

Ferme des moulins à foulon des pareurs de Prats de Mollo . . . 4.819^l 2^s 8^d

Ferme d'un champ appartenant aux tailleurs d'Elne. . . . . . 792^l 3^s

Produit de la ferme du moulin à pressurer la cire. . . . . . . 237^l 10^s

Ferme du loyer du local du cirier (2) . . . . 855^l

---

(1) Ibid. Procès-verbal de liquidation des recettes et créances des Communautés d'arts et métiers du Roussillon, 27 août 1779, C., 1053.

(2) Il est assez remarquable de constater l'existence de ces propriétés collectives, véritable patrimoine de la communauté. Ceci a

Chap. 4. — Produit de l'argenterie.

Il se décompose ainsi :

Une croix et un reliquaire appartenant aux pareurs.	1.231^l	5^s	
Calices	281^l	14^s	
Trois reliquaires et autres pièces.	867^l	4^s	3^d
Trois reliquaires.	835^l	8^s	6^d
Un calice	84^l	7^s	6^d
En tout.	3.299^l	19^s	5^d

Chap. 5. — Relatif à divers objets de recette . . . . 122^l 7^s 6^d

Chap. 6. — Les différents objets mobiliers n'ayant pas trouvé preneur étaient encore invendus.

L'ensemble des six chapitres s'élevait à . . . . 15.512^l 11^s

2º *Dépenses.*

Elles provenaient, des frais de voyage du préposé à la vente, pour transport d'effets ; puis des paiements des arrérages des diverses rentes au profit des créanciers des corps d'arts et métiers, depuis l'année 1780 jusqu'en 1789 ; et enfin des frais de gestion des divers biens (loyer des appartements, où se trouvent les effets, les registres, papiers, etc.).

Le total de toutes ces dépenses s'élevait à 14,375^l 2^s 3^d.

d'autant plus d'intérêt, que certains de ces biens avaient le caractère d'instruments de travail. Sous le régime de la petite industrie, qui était celui de l'époque, en Roussillon, aucun artisan n'aurait pu posséder à lui seul un moulin à foulon ou à pressurer la cire. L'insuffisance de capitaux l'en eût empêché. C'est ainsi que, par la coopération des forces de tous, chacun bénéficiait des avantages d'une propriété collective indispensable au travail de la corporation.

Donc, la récapitulation de la recette et de la dépense était la suivante :

Recettes . . . . . 15.551^l 11^s

Dépenses. . . . . . 14.375^l 2^s 3^d

En caisse . . . . 1.176^l 8^s 7^d

Le résultat obtenu par la vente des effets des communautés et par la liquidation de leurs dettes et créances, dispense de faire de longs commentaires.

L'état de pauvreté des diverses corporations éclate à tous les yeux, si l'on se souvient, que la majeure partie des recettes, provient de la vente de trois ou quatre immeubles et d'objets d'argenterie.

Les rentes que les corps de métiers payaient aux hôpitaux ou aux églises étaient, avec les frais des cérémonies et fêtes religieuses, leurs seules charges.

La vie s'était retirée peu à peu de la corporation catalane, sans secousse, comme elle se retire d'un corps lentement anémié.

§ II. — Rareté des Documents jusqu'en 1791. — Les Corporations et les Impôts.

Les documents deviennent extrêmement rares, depuis ce moment, jusqu'à la suppression définitive du régime corporatif en 1791.

Nous devons pourtant signaler une curieuse ordonnance de l'intendant (1), d'après laquelle les corps et communautés étaient divisés en trois classes :

(1) Arch. départ., C, 1541. Ordonnance de l'Intendant, 24 septembre 1779.

La première comprenait les corps dénommés dans l'édit.

La deuxième, les chirurgiens, perruquiers, apothicaires, libraires-imprimeurs.

La troisième était formée par :

Les boutonniers,

Les cordiers,

Les hommes de place,

Les jardiniers des trois paroisses,

Les revendeurs,

Les meuniers,

Les musiciens et maîtres d'école,

Les notaires,

Les poissonniers,

Les potiers de terre,

Les tuiliers et briquetiers,

Les habitants du faux-bourg.

Une des fonctions les plus importantes des anciens collèges et confréries, nous l'avons vu dans la première période de cette histoire, consistait à répartir l'impôt.

L'intendant leur conserva cette ancienne attribution, qui survécut ainsi, à leur puissance. « Bien que les communautés de la troisième classe, ne soient pas reconnues par l'édit de mai, elles subsisteront comme par le passé, *pour faciliter la répartition et le recouvrement des impositions.* » Plus loin, l'intendant ajoutait « et uniquement à cet objet particulier ».

Quel fut le mécanisme employé pour remplir cette tâche ?

Au jour et à l'heure fixés par l'intendant, les membres des communautés de la troisième classe, étaient tenus de s'assembler pour nommer des « répartiteurs » et des « cotisateurs ».

Dès que les rôles avaient été dressés, le bayle les vérifiait, puis l'intendant devait les rendre exécutoires.

« Un collecteur solvable sera nommé, disait l'ordonnance, à la pluralité des suffrages, et les membres de la communauté seront et demeureront responsables de la gestion. »

Le bayle recevait la somme de quarante livres, pour lui tenir lieu d'honoraires. Voilà tout le système.

§ III. — Ruine commerciale et industrielle du Roussillon. — Suppression des corporations.

Nous sommes arrivés à la dernière page de l'histoire corporative en Roussillon.

Jusqu'en 1791, aucun fait saillant n'a dû se produire ; quoi qu'il en soit, il n'a pas laissé de traces. Les documents restent muets, et s'il y eut quelque renaissance économique, en Roussillon, à cette époque, nous sommes condamnés à l'ignorer.

Mais plutôt, nous sommes portés à croire que la décadence et la ruine industrielle et commerciale s'accentuaient tous les jours. Les archives de Vinça nous montrent, en effet, que l'émigration des travailleurs roussillonnais en Espagne, était assez fréquente et assez inquiétante, pour justifier des mesures d'excessive rigueur.

Le viguier de Prades écrivait (1) aux chefs des com-

(1) Arch. comm. de Vinça, BB, 16. Lettre du 12 octobre 1784.

munautés d'habitants, de s'employer par tous les moyens à empêcher le passage des ouvriers en Espagne. Il recommandait « de faire en sorte de surveiller les ouvriers des fabriques et autres, et même de punir, par la voye de la prison, tout particulier... qui serait convaincu d'avoir formé le projet de s'expatrier ».

La prospérité du pays, si elle avait été réelle, n'aurait pas déterminé le représentant du pouvoir royal à prendre des mesures aussi graves. Comment les expliquer, dès lors, si ce n'est par la lamentable situation économique d'une province, dont l'activité ne créait plus à ses enfants, des moyens de vivre suffisants ?

Les corporations n'avaient plus qu'une existence d'apparence et aucune voix ne s'éleva en leur faveur lors de la rédaction des cahiers des États Généraux. Les délégués du Tiers, n'insistaient que sur la question de la réforme des impôts (1). C'était là une nécessité urgente, car le peuple succombait sous les charges fiscales.

Oublieux de la splendeur de l'institution corporative au Moyen-Age, un député aux États Généraux, élu devant les syndics des divers corps de la ville de Perpignan, disait dans un mémoire à Necker (2) : « L'ancienne noblesse, le peuple, désirent également la suppression de toutes les places à privilèges, de toutes les charges onéreuses qui ont été créées dans des temps de calamité. »

La rupture avec l'ancien régime était donc complète. Le vieil esprit d'opposition catalane qui avait entravé

---

(1) Delamont. *Histoire de la ville de Prades*, op. cit., p. 50.
(2) Arch. départ., C, 2112. Mémoire adressé à M. de Necker le 11 décembre 1788.

l'œuvre d'assimilation française, tentée par la royauté, jetait aussi son dernier cri, à la veille de 1789 ! Les députés de la noblesse élus le 29 avril 1789 avaient reçu le mandat ferme « *de s'opposer formellement à la réunion de leur province à toute autre, de quelque manière qu'elle leur fût proposée, et de demander expressément des États particuliers pour le Roussillon* (1) ». Tout le secret de la persistance des institutions roussillonnaises, de ses mœurs, de ses lois, est là, dans ces quelques mots ; hommage éclatant que les Roussillonnais se rendaient à eux-mêmes, à leur particularisme et d'où avait jailli autrefois une si riche vitalité !

Si la corporation avait encore subsisté, elle aurait fait entendre ses revendications.

Mais elle n'avait plus aucune force, et la loi de l'Assemblée Constituante (2-17 mars 1791), portant suppression de tous les privilèges des corps d'arts et métiers et proclamant la liberté, pour « tout citoyen, d'exercer telle profession ou métier qu'il trouvera bon », consacra la disparition d'un ordre de choses qui, en Roussillon, avait déjà cessé d'exister.

----

(1) Arch. départ., C, 2116. Élection des députés de la noblesse aux États Généraux.

CONCLUSION

—

Arrivés au terme de cette étude, nous devons jeter un regard en arrière, mesurer l'étendue du chemin parcouru, et dégager la synthèse des résultats acquis.

Pour caractériser l'ensemble du régime corporatif en Roussillon, il nous a paru nécessaire de le rattacher, au moins par ses liens essentiels, au milieu dans lequel il s'est développé.

Deux raisons nous y invitaient.

D'abord, le particularisme, le tempérament de la race catalane qui ont donné aux institutions et aux mœurs du peuple de Catalogne, une si vivace persistance, malgré tous les bouleversements sociaux.

Puis, le développement des institutions se poursuit toujours, suivant les contingences que l'histoire définit pour chaque époque. Tout fait social perd, à être isolé, une partie de sa force, de sa physionomie. Pour lui rendre la vie dont il a été animé, l'historien doit recréer dans leur essence, les éléments complexes qui l'ont enveloppé et marqué son évolution, d'une riche variété d'aspects.

Pour ces motifs, nous avons accordé, par exemple, une place aux rapports des métiers avec l'état général du commerce, de l'industrie et de l'organisation communale.

L'histoire des corps d'arts et métiers en Roussillon, sous l'ancien régime, a franchi deux étapes dont les dates, de 1346 et de 1449, fixent pour ainsi dire, les sommets.

Jusqu'en 1346, nous avons étudié le système de l'autonomie corporative dans toute sa splendeur, dans sa pleine puissance économique et politique.

De 1346 à 1449, une transformation se produit, sous l'influence de causes morales et sociales, déterminées dans notre analyse. Elle aboutit, à partir de 1449, à la division du groupe corporatif en deux sections : d'une part, la bourgeoisie des métiers, parvenue à un certain état de fortune, se constitue en collèges à matricule privilégiés ; d'autre part, le menu peuple des artisans, relégué dans les confréries ou dans les collèges inférieurs, perd le pouvoir politique et devient le subordonné de la bourgeoisie anoblie, jusqu'en 1789.

Une première idée générale ressort par conséquent de nos recherches : celle de la lente ascension de la Bourgeoisie, vers le pouvoir que la Révolution française lui donnera.

Un autre résultat acquis, résulte du parallélisme des institutions politiques et corporatives, en Roussillon.

La commune urbaine, nous l'avons vu, a eu pour premier noyau, l'association des différents corps de métiers. La profession qui « était l'unique facteur de la condition sociale » aux termes des *Usages de Barcelone* et des *Constitutions de Catalogne*, était aussi devenue, par conséquence logique et naturelle, la base de l'organisation communale. A ce moment, les métiers remplissent toutes les fonctions essentielles de l'État et de la Souveraineté : pouvoir politique, impôts, système judiciaire, force armée. Les consuls sont les véritables représentants élus des métiers, dans leur vie extérieure, comme les surposés, dans leur vie intérieure.

A partir du XVᵉ siècle, les collèges professionnels à matricules, arrachent à la royauté, les privilèges qui établissent pour eux l'aptitude héréditaire à remplir les fonctions politiques. Maîtres du Consulat, ces collèges dominent les associations des métiers inférieurs ou « mécaniques » et ils deviennent assez puissants pour s'opposer à toutes les tentatives de main-mise royale sur l'organisation municipale, pendant le XVIIIᵉ siècle.

Mais c'est là, en quelque manière, le côté extérieur de la vie des corporations. Considérées en elles-mêmes, elles présentent un autre aspect et non des moins intéressants. C'est à leur abri que les forces industrielles et commerciales se sont organisées. On peut dire du Roussillon comme des autres provinces de la France au Moyen-Age, « qu'à cette époque l'homme isolé était sans force et sans droit : le métier ou le commerce individuels étaient impossibles (1) ».

Jusqu'au XVᵉ siècle, l'industrie, entre les mains des corps d'artisans, acquiert une large expansion : la réglementation à laquelle est soumise la fabrication, assure à tous les produits, un caractère indéniable de « loyauté ». Les débouchés commerciaux sont grands ouverts dans tout le bassin de la Méditerranée, grâce à la sage prévoyance des rois de Majorque. De plus, l'industrie est domestique, familiale en quelque sorte ; aussi le caractère des corporations est-il franchement égalitaire et démocratique. Toutes les professions peu-

(1) Esmein, *Histoire du droit français*, op. cit., p. 700.

vent être librement exercées sous la condition d'observer les règlements établis : les chefs de métier, élus par leurs pairs, sont jugés par eux et rentrent dans le rang, au lendemain de leur charge.

Pendant la seconde période de leur histoire, les associations d'arts et métiers se constituent sous la forme des corps fermés à monopole.

Il ne semble pas qu'il y ait des disparités essentielles, entre le régime du Roussillon, et celui de la « corporation classique ». La solidarité établie entre tous les habitants de la même ville au Moyen-Age, fait place désormais à l'esprit de corps, étroit, exclusif et jaloux de ses prérogatives. Les métiers ont cessé de remplir les fonctions sociales dont ils avaient eu la charge. Sous prétexte d'assurer la capacité professionnelle, ils multiplient les entraves et les difficultés, pour empêcher qu'un trop grand nombre de membres puissent bénéficier des privilèges de la maîtrise. Si leur rôle politique a été réduit à rien, leur importance économique a reçu les plus rudes assauts pendant le cours du XVIe et d'une partie du XVIIe siècle. Les guerres continuelles qui dévastèrent le Roussillon à cette époque, y ruinèrent l'industrie et le commerce (1), la production put à peine subvenir à la consommation locale ; au XVIIIe siècle, les commerçants en gros allaient chercher leurs denrées dans l'intérieur de la France (2).

---

(1) Arch. départ., C, 1544. Mémoire des droguistes. « Il est vrai que lorsque le Roussillon fut soumis à la France, il n'y avait à Perpignan pour tous marchands, que quelques petits détaillers vulgairement dits boutiquiers, qui n'avaient peut-être pas, entre eux tous, pour dix mille francs de fonds ».

(2) Ibid., C, 1544. Etat du commerce perpignannais en 1730. « Les

Etouffés par l'étroitesse de leur organisation intérieure, atteints par le contre-coup des événements extérieurs, les corps d'arts et métiers du Roussillon, étaient
condamnés à disparaître, comme dans tout le reste de
notre pays.

Cependant, quelle que soit l'importance que l'on doive
accorder à l'action des causes extérieures de décadence
du régime corporatif roussillonnais, il importe de marquer la part considérable qu'il faut attribuer à la transformation intérieure, au changement profond opéré au
sein même de la corporation.

Nous avons très nettement montré, documents en
main, la différence fondamentale qui existe entre la
corporation ouverte, du Moyen-Age, et la corporation
fermée à réglementation excessive et à monopole exclusif, de l'ancien régime. Cette distinction caractérise
deux types bien tranchés de l'association professionnelle.

Aussi sommes-nous autorisés à dire que les critiques
adressées en général, au système corporatif de l'ancien
régime, ne peuvent s'appliquer qu'à la deuxième forme
et pas à la première. La preuve qui résulte clairement
de notre exposé, c'est qu'à l'époque des corporations
ouvertes, l'industrie roussillonnaise a été prospère, et
qu'elle est tombée en décadence à l'époque des corporations fermées.

Dans la première période les règlements corporatifs
étaient faits en vue d'empêcher les abus et les fraudes
dans la production. La libre vigilance des corps de mé-

droguistes tirent leurs marchandises de Marseille et de Bordeaux,
et les drapiers des foires de Lyon et du Languedoc où ils vont
régulièrement ».

tiers veillait au bon renom de la fabrication, sans restreindre l'activité des artisans. Chacun d'eux devait
l'élévation de sa condition économique, aux qualités
d'énergie, de persévérance et d'activité personnelles.

A cette police des métiers, bienfaisante, large, et,
pourrait-on dire, toute de prévoyance, succéda, pendant la deuxième période, une police restrictive inspirée
par l'esprit d'exclusion et de privilège le plus étroit.

Les mesures restrictives n'écartaient pas seulement
les étrangers, par la multiplicité des obligations et des
difficultés de la maîtrise ; elles constituaient une entrave
presque aussi sérieuse, pour les artisans du pays. La
limitation de fait, du nombre de maîtres, le monopole de
la fabrication des divers produits, la spécialisation de
la vente décourageaient les initiatives, et l'industrie
languissait, enfermée dans un cadre immuable. Les
fils de maîtres bénéficiaient seuls, de conditions plus favorables ; par suite, l'hérédité s'était établie, en réalité,
de génération à génération, dans l'accession aux offices
de métiers.

La réglementation de la seconde période, visait bien
moins le perfectionnement des produits que la conservation des privilèges. Aussi, l'élévation économique et
sociale de la masse des artisans, était-elle devenue très
difficile. Les luttes entre les collèges à matricule et les
offices mécaniques le montrent jusqu'à l'évidence.

Pour tout dire, en un mot, l'activité économique
avait perdu les stimulants nécessaires à son développement ; la formation des corps de métiers en organes
administratifs avait été une des causes importantes,
c'est certain, de la stérilisation de l'industrie roussillonnaise.

Voilà le grand fait économique que nous avons établi, et dont la démonstration, se vérifie tont particulièrement en Roussillon.

Il est vrai, « les libertés du Roussillonnais furent consacrées pendant de longs siècles par ses usages, ses coutumes, ses lois, qui furent toujours en harmonie avec ses sentiments, son caractère, ses mœurs, ses besoins, ses intérêts ; et ces lois étaient l'œuvre, l'expression, la règle d'un peuple peu nombreux, vivant sous le gouvernement qu'il s'était donné, seul, avec lui et par lui, sur le coin de terre où il s'était établi (1). »

Pourtant, si telle est la physionomie du Roussillon, dans ses traits généraux, il faut reconnaître que parmi ses institutions, celle des corps de métiers était devenue surannée ; la contradiction qu'elle offrait avec l'état des esprits et des faits pendant le XVIIIe siècle devait précipiter sa chute. Son rôle historique était accompli.

C'est la loi de la vie sociale, comme celle de la vie de l'individu, que tout évolue, se transforme, et l'histoire des hommes n'est qu'un perpétuel devenir.

Vu

Le Président de la thèse,

Émile CHÉNON.

Vu

Le Doyen,

GARSONNET.

Vu et permis d'imprimer :

Le Vice-Recteur de l'Académie de Paris,

GRÉARD.

---

(1) Jaubert-Campagne. Le vieux Roussillon, op. cit. *Bulletin de la Soc., agric., litt.,* etc. Année 1851, p. 53.

APPENDICE

DOCUMENTS LES PLUS IMPORTANTS CITÉS. AU COURS
DE CETTE ÉTUDE

——

*Documents conservés à Barcelone et pouvant servir à l'histoire
des corporations catalanes ou « gremios »* (1).

I

1° Archives de la ville de Barcelone (conservées à l'Hôtel-de-
Ville.

  a) Livre vert ; *b)* Livre rouge (XIIIᵉ s.) ; *c)* Lib. diversorum ;
  d) Notularum (XIIIᵉ s.) ; *e)* Libre de Concells, ordinacions
  y letres missives (1349) ; *f)* Bolsa de Concells (1301) ;
  g) Libre de ordinacions civiles (1372) ; *h)* dietaris (1390) ;
  i) Registre des délibérations du Conseil municipal (1433).

2° Archives de la cathédrale.

3° Archives de la Bourse (la Lonja).

4° Archives de la couronne d'Aragon.

II. — Gremios existant actuellement

1° *Curtidores y zurradores*, calle puerta nova, 2. — Dans la
salle des réunions, tableaux gothiques du XVIᵉ s. (Vie de saint
Augustin ; gremio créé en 1296).

---

(1) Nous devons à l'aimable obligeance de M. Salsas, les indications qui
vont suivre ; nous les donnons à titre de document, l'histoire et la bibliographie des « gremios » catalans, étant absolument inédites en France.

2º *Revendedores*, plaza del Pino 5. Tableaux gothiques.

3º *Carpinteros*, calle de la Fusteria. Maison *gremial*, objets anciens, archives curieuses.

4º *Arte major de la Seda*, calle de San Pedro I.

5º *Drogueros y confiteros*.

6º *Massips de Rivera*.

7º *Pescadores*.

8º *Taberneros*.

9º *Marineros*.

10º *Hortelanos de la Puerta Nova y de la Porta de Sant Antonio*.

11º *Horneros y panaderos*.

12º *Zapateros*.

13º *Cerrajeros, armeros y agujèros*.

14º *Herreros y calderos de la Puerta Nova*.

15º *Freneros y Estevos*. (On comprend, dans ce dernier gremio, les latoneros, bordaderos, talaberteros, silleros y guarnicioneros).

16º *Caleseros*.

17º *Sogneros y alpargateros*.

18º *Colchoneros*.

19º *Cedaceros*.

20º *Cartoneros y cesteros*.

21º *Sastres*.

22º *Herreros y caldereros del Regomir*.

Soit 22 corporations ouvrières, dont les plus anciennes remontent au XIIᵉ siècle, d'après Capmany. Cependant, cet historien ne peut citer qu'un document de l'an 1200, qui mentionne les « pellejeros, texederos, sastres, etc. ».

Ce document est inséré dans les Constitutions de Catalogne, vol. I, livre X, titre XI. En 1208, une donation constate l'existence du « gremio » des zapateros, comme corporation définitivement constituée.

Textes les plus importants cités dans cette étude.

1197

Chartre de Commune et Privilège de main-armée de Perpignan.

Cf. Arch. comm. de Perpignan. Liv. vert mineur. f⁰ˢ 12-13.
Alart, *Privilèges et Titres*, p. 83.

Notum sit cunctis videntibus et audientibus hanc scripturam, quod nos omnes insimul populi tocius ville Perpiniani habitantes et stantes in eadem villa Perpiniani, consilio et voluntate ac mandato incliti domini Petri Dei gracia regis Arag. comitis Barch. constituimus inter nos vᵉ consules in dicta villa Perpiniani, nomine scilicet Ermengandum Grossi et Stephanum de Villarasa et Bernardum de Solatico et Vitalum de Narbona et Jacobum Andriani, qui bona fide custodiant et defendant ac manu teneant et regant cunctum populum ville Perpiniani, tam parvum quam magnum, et omnes res verum mobiles et immobiles, et omnia jura regis ad fidelitatem domini regis predicti in omnibus et ad utilitatem et fidelitatem tocius populi prefati ville Perpiniani. Qui consules pronominati sunt ibi in consularia de istis proximis kalendis marcii usque ad unum annum : quo termino completo, si tunc predicti consules ibi in prefata consularia remanere noluerint, sive quod essent ibi utiles causa necessitatis quam haberent, sive quod dictus populus ville Perpiniani pro consulibus eos habere noluerit mittantur et statuantur ibi in dicta villa, arbitrio et cognitione tocius populi predicti alii vᵒ consules ad unum annum ; et ita prosequatur semper de anno in annum omni tempore de predictis consulibus, si ibi non fuerint utiles et fideles in dicta consularia, sive quod populus nollet eos habere et retinere ibi de uno anno in antea. Ad huc, nos omnes habitantes et studantes in dicta villa Perpiniani bona fide et sine omni enganno, cum hac presenti carta in perpetuum valitura, unusquisque ex nobis propria nostra manu dextera juramus corporaliter tactis sacrosanctis IIII⁰ʳ Dei evangeliis, vitam et membra et fidelitatem domino regi predicto et suis et de omni-

bus suis juribus in omnibus, bona fide. Ad huc, nos omnes habi-
tatores prefate ville Perpiniani, tam parvi quam magni convenimus
inter nos omnes, bona fide et sine omni enganno, quod erimus
in simul nobismet ipsis et ex juribus domini regis et morum boni
valetores et veri adjutores et defensores, scilicet ex nobismet ipsis
et ex omnibus nostris rebus et ex omnibus juribus domini regis,
contra omnes homines qui non sint ville Perpiniani, salva semper
fidelitate domini regis et suorum in omnibus et per omnia. Et hoc
totum dicimus nos observatores, et juramus subeodem sacramento
prescripto.

Et ego Petrus Dei gracia rex Arag. comes Barch. per me et per
omnes successores meos, cum hac presenti carta in perpetuum
valitura, laudo et confirmo firmiterque concedo cunctis hominibus
meis ville Perpiniani ibi habitantibus et stadantibus presentibus et
futuris, cum hac eadem carta imperpetuum valitura, quod si aliqua
persona que non sit ville nostre Perpiniani aliquod foris factum
sive dampnum sive malum sive detrimentum sive injuriam fecerit
de honore sive de avere sive de lesione sive de verberatione sive ne-
lo alio modo, aliqui homini ville nostre Perpiniani sive femine, ille
vel illa qui injuriam vel dampnum acceperit vadat ad consules et
ad meum bajulum et ad vicarium qui in dicta mea ville Perpiniani
fuerint constituti, et ostendat eis injuriam et dampnum quod
accipit : et tunc consules cum meo bajulo et cum vicario, ylico
absque mora, vadant vel mittant suum nuncium illi qui injuriam
et tortum et dampnum facit et infert homini nostro Perpiani sive
femine ; et si in presencia eorum venire noluerit et cognicione
eorum reddirigere ac restiture et emendare noluerit et directum
facere noluerit, sicuti jus et ratio dictaverint, sive mores et con-
suetudines vestre dictaverint, volumus et ex regia auctoritate nostra
precipimus ut dicti consules, cum meo bajulo et cum vicario et
cum omni populo Perpiniani, vadant et equitent insimul potenti
manu, super malefactorem qui tortum et injuriam facit et in
ipsam villam ubi revertetur et erit et ubi res ejus erunt. Et de
aliqua malefacta quam ibi fecerint neque de morte hominis neque
hominum, unquam nobis neque nostris neque aliqui persone tene-
antur, neque ego nec mei aliquem ex vobis possimus appellare
neque aliquid requirere sive petere. Postquam autem dicti consules
cum meo bajulo et vicario et cum populo Perpiniani super aliquem
malefactorem vel super villam equitaverint, si aliquis ex ipsa villa
nostra Perpiniani remanserit, nisi aperta causa necessitatis, habeat

inde dampnum X sol. Barch. qui mittantur et dentur in opere
murorum ville Perpiniani. Mandamus ad huc quod nullus sit annus
equitare neque aliquam malefactam facere aliqui homini sive
femine qui non sit ville Perpiniani, absque consilio dictorum consulum et mei bajuli et vicarii ; quod si quis ausus fuerit temptare,
redirigat malefacta cognitione predictorum consulum et mei bajuli
et vicarii, et ultra habeat inde dampnum X sol. Barch. qui mittantur et dentur in opere predictorum murorum. Consules vero
recuperent semper missionem quam fecerint pro conducto sive pro
lognerio de bestiis si equitaverint pro illo qui debitum sive tortum
restitutum fuerit, bona fide.

Similiter qualescumque consules in supradicta consularia mit-
tentur ac statuentur de anno in annum, jurent similiter fidelitatem
nostram et omnia jura nostra, et fidelitatem tocius populi predicte
ville nostre Perpiniani et ex omnibus rebus eorum, eodem modo ut
[jam] puaverint supradicti consules.

Et ego Ermeugaudus Grossi, et ego Stephanus de Villarasa, et
ego Bernardus de Solatico, et ego Vitalis de Narbona, et ego Jacobus Andrias, nos v⁰ supradicti consules. Juram quisque ex nobis
fidelitatem domini regis et suorum et omnium jurium suorum in
omnibus, et vitam et membra, omni tempore et fidelitatem tocius
populi ville Perpiniani et ex omnibus rebus eorum, tactis sacrosanctis IIIIᵒʳ Dei evangeliis, quod sacramentum corporaliter facimus.

Et est manifestum. Actum est hoc VIIᵒ Kalendas marcii anno in-
carnationis domini Mᵒ Cᵒ. LXXXXᵒ. VIᵉ.

Signum † Petri regis Aragonum et comitis Barchin, qui predicta
omnia laudo et confirmo proprio signo meo.

† Petrus Ausonensis sacrista. † Guillemi Durfortis.

Signum † Johannis Berachensis domini regis notarii qui litteras
signi domini regis scripsit.

1262

Lettre de Jacques d'Aragon (10 Kal. Juin)

Cf. Arch. comm. de Perpignan, AA. 3, fᵒ 25 vᵒ.

Noverint universi, quod nos, Jacobus Dei gratia rex Aragonum Majoricarum et Valentiœ, comes Barchinoni et Urgelli et
dominus Montispessullani, per nos et nostros donamus, et consedi-

mus vobis probis hominibus et toti universitati hominum Perpiniani presentibus et futuris et statuimus in perpetuum, quod de cetero quemcumque et quotiescumque vos dare opportebit nobis vel nostris aliquam questiam talliam servicium vel quamlibet aliam regalem exactionem seu vicinalem, eligatis ex vobis septem probos homines quos vobis vel majori parti vestrum magis ydoneos etiam videbitur expedire *tres de majoribus et duos de mediocribus et alios duos de minoribus ;* in quibus mediocribus et minoribus sint duo de Podio Perpiniani et alii duo sint de villa Perpiniani. Qui septem probi homines prestito ab eis sacramento eligant alios septem probos homines quos ad hoc magis ydoneos esse noverint, qui tayllient bene et fideliter questios, taillios, servicia et quoslibet alias regales exactiones et vicinales, qui tailliatores eligantur per dictos electores sub forma et prout ipsi electores per vos ut dictum est fuerunt electi et quod jurent in posse dictorum electorum quod gracia amore odio vel timore nec etiam aliqua alia ratione non faciant aliquam tailliam contra aliquem nisi prout eis magis videbitur expedire secundum facultates suas eis dicti tailliatores reddant compotum electoribus supradictis de hiis hominibus que super premissis fecerant.

Volumus tamen, quod illi qui sicut dictum est electi fuerint, semel ad predicta facienda non eligantur nec sint in ipso officio sequenti vice qua predicta vel aliquod de predictis vos dare oportebit prout superius continetur. Et hec omnia consedimus vobis et donamus in perpetuum ac volumus ita observari et non aliter illo modo non obstante [........] aliquo facto in contrarium nec obstante aliqua ratione. Mandantes bajulis et vicariis Perpiniani presentibus et futuris, quod predicta observent et faciant involabiliter observari et non contraveniant nec aliquem contravenire permittant, aliqua ratione. Datum in Montispessullano, decimo Kalenda Junii anno domini millesimo ducentesimo sexagesimo secundo.

Signum Jacobi Dei gratia regis Aragonum Majoricarum et Valencie comites Barchinone et Urgelli et domini Montispessullani.

Testes sunt : B. DE GUARDIA ;

GARCIA ORTIS DE ARAGO ;

GALCERANDUS DE PINOS ;

COMITIS de PODIO ;

ATO DE FOCIBUS.

Signum : PETRI DE CAPELLATES qui mandato domini regis hec scripsit.

1346

Règlement municipal approuvé par Pierre IV d'Aragon, le 16 novembre 1346 (17 Kal. décembre)

Cf. Livre vert mineur, AA. 3, f⁰ 196 v⁰. — Livre vert maj., fol. 208 (Arch. Comm. de Perpignan).

Nos, Petrus Dei gratia Rex Aragonum, Valentiæ, Majoricarum, Sardiniæ et Cornicæ ; comesque Barchinonæ, Rossilionis et Ceritaniæ ; attendentes quod pro parte Consulum et proborum hominum universitatis ville nostræ Perpiniani, fuit nobis humiliter supplicatum ut quœdam *capitula super electione consulum et consiliariorum ipsius ville facta et ordinata per eos*, pro bono et utili comodo ac statu pacifico et tranquillo ejusdem et incolarum ipsius, quæ nunc in auditorio nostro, vobis presentibus per fideles devotos nostros Bernardum Olibe, Seguin Doctorem, Johannem de Aldiarde burgensem et Petrum Erbunolli mercatorem ipsius ville eorum nuncios, in quadam cedula papirea exibita et hostensa fuerunt, ratifficare et confirmare de benignitate regia dignaremur, quorum capitulorum tenores sequuntur in hunc modum :

In Dei nomine, pateat cunctis quod cum occasione electionis consulum et consiliariorum hujus ville Perpiniani anno presenti, facta fuisset super modo eligendi ipso consules et consiliarios materia questionis seu contrastes, exorta quibusdam videlicet capitibus ministeriorum villa ejusdem qui plurimi seu universitatem dictæ villæ ut assuerunt, representant fieri juxta tenorem cujusdam privilegii antiquitus universitate seu populo sepe dictæ villæ concessi, aliis vero dicentibus dictam electionem per consules duntaxat et non per alios esse fiendam secundum unum in hiis in dicta villa hactenus observatum tandem interventu quarumdam bonarum personarum bonum tranquillum et pacificum statum hujus villæ relantium fuit ipsa questio seu contrastus ad examen seu concistorium Dominini Gubernatoris per viam amicabilem tractatus deducta. Et demum per honorabiles viros Guillermum de Pernis et Jacobum de Faro ejusdem domini Gubernatoris locum tenentes habitis cum consilio ipsius domini Gubernatoris venerabilibus consulibus et quibusdam capitibus ministeriorum et probis hominibus villæ predictæ, diversis colloquiis et tractatibus, et dicto negocio matura et plena deliberatione digesto fuit firmatum, quod circa electionem predictam sequens modus perpetuum servaretur, videlicet quod consules anni presenti vel eorum major pars de et cum consilio, voluntate et assensu duodecim consiliariorum anni istius, vel eorum majoris partis per octo· dies ante festum beati Johannis Baptistæ proximo venturum, eligant, et etiam domino nostro Regi, vel in ejus absentia, domino Gubernatoris aut locum tenenti presentent duodecim consiliarios quatuor videlicet de majori manu, et quatuor de mediocri et residuos quatuor de minori, cum quorum duodecim tunc noverit electorum consilio voluntate et assensu vel eorum majoris partis dicte consulis anni presentis vel eorum major pars eligant de melioribus et honorabilibus hujus villæ, *quinque Consules, servato tamen super hiis privilegio* de gentibus in parrochia sancti Jacobi concesso ; quos similiter in vigilia dicti festi presentent dicto domino nostro Regi, vel in ejus absentia domino Gubernatori aut ejus locum tenenti prout retroactis temporibus est fieri assuetum. Et deinde anno quolibet dictis temporibus fiat et procedat perpetuo electio consiliariorum et consulum predictorum videlicet ipsorum consiliariorum per consules vel eorum majorem partem cum consilio voluntate et assensu consiliariorum vel eorum majoris partes anni illius quo ipsa electio eminebit. Et ipsorum consulum per consules ipsius anni vel eorum majorem partem cum consilio voluntate et assensu consiliariorum tunc noviter creatorum vel eorum majoris partis, et dicti consules vel eorum major pars de et cum consilio voluntate et assensu dictorum consiliariorum convocati adfuerint, habita tamen primitus et obtenta debita confirmatione Illustrissimi Domini nostri Regis vel ipsius Gubernatoris qui nunc est vel pro tempore fuerit, regant administrent et gubernent et ad effectum producant bona et negotia universitatis dictæ villæ ; in arduis tamen negociis et multum ipsam universitatem tangentibus procedant, habito prius consilio cum capitibus ministeriorum prout et quantum est retroactis temporibus fieri assuetum, intelligitur tamen quod tam in electione predictæ quam in alliis negociis ipsius villæ, omnes dicti consules et consiliarii habeant convocari, et ipsius convocatis illi consules, qui convocato concilio adfuerunt vel eorum major pars cum et de consilio voluntate et assensu dictorum consiliariorum vel majoris partis eorum qui similiter in ipso consilio presentes fuerunt, expediant et ad finem perducant tam negotium electionis prœdictæ quam quemcumque alia negocia dictæ villæ, *et nequi sub manu majori, mediocri vel minori comprehendantur possit de cetero questio seu dubium suboriri, fuit declaratum quod sub manu majori comprehendantur burgenses et* MERCATORES, *vitam honorabilem juxta nelgi opinionem facientes.*

Sub manu vero mediocri comprehendanlur paratores pannorum, scriptores et alii artem satis honorabilem exercentes.

Sub minori vero intelligantur et comprehendantur sutores sotularium, ortolani et artes seu officiâ similiâ exercentes.

Et si forsan questio oriretor de aliqua persona, quam vitam aut artem ducere censeretur et per consequens sub qua manu predictarum comprehendi posset, stetur sub hoc decisioni et arbitrio dictorum consulum vel majoris partis eorum, procedentium cum et de consilio consiliariorum vel eorum majoris partis, ita quod post eorum decisionem vel arbitrium nemini liceat opponere quod non comprehendantur sub illa meum sub qua comprehendi fuerint arbitrati nec ad hoc opponendum in aliqua curia nec aliquo jure seu aliquo quovis modo etiam per viam appellationis audiatur. Pari modo ne qui primum locum in dicto officis consiliariatus obtinebunt, possint adinvenire viam per quam ipsorum artes seu officia exercentes anno quolibet in ipso officia eligantur et alii artes alias exercentes ab ipsius officii regimine excludantur, fuit declaratum et ordinatum, quod pro manu minori nequeant in consiliarios anni tunc sequentes eligi qui earumdem artium seu officiorum fuerint quorum erant qui in ipso anno quo ipsa fiet electio consiliarii. Jam fuerunt dum tamen in aliis artibus persone sufficientes et idonee reperiri possint, ut sic omnes artes seu officia exercentes possint suis temporibus habita ratione ad paucitatem vel pluralitatem personarum cujuslibet artis seu officii, in dicto officio collocari, per hoc tamen non intelligatur qui infimam artem seu officium exercentes possent in consiliarios eligi ullo modo.

Et si super hoc questio seu controversia orta fuerit, videlicet qui dicantur artis infime relinquatur arbitrio et determinationi consulum seu majoris partis ipsorum, itaquod post ipsorum determinationem vel arbitrium nullus ad contradicendum super hoc audiatur jure aliquo remedio seu alio quovis modo etiam si illum contingent appellare. Similiter intellexerunt dictum privilegium per quod fuit data potestas populo et universitate dictæ villæ Consules elegendi non esse ex predictis omnino correctum seu dum taxat declaratum, nam satis predictam electionem facere videbitur ipse populus seu universitas ex quo ipsam faciant illi qui ipsam universitatem representare videntur et quibus eligendi vice et nomine ipsius universitatis est potestas ret premittitur attributa. *Idcirco* supplicationi predictæ tanquam comonæ rationi annuentes, benigne nec minus volentes prout nostro incubuit regimini nobis ab alto comissi jam dictam villam et indigenas ipsius in tranquillo pacis federe confovere, ordinationes et capitula supradicta ac omnia et singula in eisdem contenta ex certa scientia ratifficamus et confirmamus ac etiam approbamus prout *melius et utilius ad ipsius villæ et totus* REIPUBLICÆ ejusdem comodum utilitatem ac bonum, sanum et simerum intellectum potest intelligi atque dici. Mandantes per presentem cartam nostram Gubernatori nostro generali comitatum Russillionis et Ceretaniæ ceterisque officialibus ipsorum comitatum ac villæ predictæ et eorum locatenentibus presentibus et futuris, quatenus ratifficationem confirmationem et approbationem nostram hujusmodi quam durare volumus quamdiu nostra placuerit bene placito voluntatis ac omnia et singula in eadem contenta firma habeant teneant et observent et faciant ab aliis inviolabiliter observari eamque infringere aut ei aliter contrarie aliquatenus non attemptent. In cujus rei testimonium hanc nostræ confirmationis paginum eisdem Consulibus fieri et sigillo vestro appenditio jussimus communiri.

Datum Ilerdæ decimo sexto Kalendas decembris anno Domini millesimo trecentesimo quadragesimo sexto.

Philippus.

1395

Élection des Surposés.

Cf. Arch. comm. de Perpignan, BB. 7, fº 164 vº.

Ordinacio en qual manera se dèven elegir los sobrepausats dels mesters de la vila.

Dimecres, a II de Juny de l'any M. CCC. XCV.

Com. d'alcun temps passats ança quescun any, haja hom vist que en eligir caps de mester e sobrepausats de molts dels mesters

de la vila de Perpenya *entrevenien discensions e discordies*, en des-
trich de la cosa publica de la dita vila, perço, l'onrat En Miquel
Vola, burges, balle de la dita vila, els honrats'N Ermengau Grimau,
En Johan Fabre, En Pere Andreu, En Jacme Isern e En Johan
Tallant, consols l'any present de la dita vila, volens provehir e
donar remey a les coses dessusdites, *ordonen, per lo poder quen'
han ab privilegi del senyor rey, e per ordinacio perpetua* sta-
blexen e volen que sia observat axi quant davall es contengut.

Primerament, quels sobrepausats e prohomens del master dels
parayres de la dita vila, tots anys, elegeschen e fassen lurs sobrepausats del dit master en la manera e forma que han per privilegi
del senyor rey, e han be acostumat.

E semblantment los rectors e prohomens del offici de *notaris* de
la dita vila, tots anys, elesgeschen e fassen lurs rectors del dit offici
en la manera e forma que han per privilegi del senyor rey, e han
be acostumat.

Mas quels sobrepausats del master de *tixedors* de la dita vila,
com volran elegir e fer lurs sobrepausats del dit master per l'any
venidor, elegeschen primerament e hajen ab si en la dita electio
fahedora dels dits sobrepausats onze prohomens del dit lur mester
en consellers, ab acord voler e consell dels ditz onze prohomens o
de la major part de aquells, elegeschen e facen l'any present altres
sobrepausats del dit master per l'any venidor.

Item, los sobrepausats del mester del *speciayres* de la dita vila,
com volran elegir e fer altres saubrepausats del dit lur master l'any
vinent, elesgeschen primerament pringuen e hajen ab si en la dita
electio fahedora dels dits sobrepausats, cinch prohomens del dit
master en consellers lurs, ab acord voler e consill etc...

Item, los sobrepausats del master dels *sartres* de la dita vila,
per semblant manera, pringuen e hajen ab si nou prohomens del
dit lur master, en consellers lur master, en consellers lurs, ab
voler acord e consell etc...

Item, los sobrepausats del master dels *pellicers* de la dita vila
pringuen e hajen ab si cinch prohomens del dit lur master, en
consellers lurs, ab acord etc...

Item, los sobrepausats del master dels *fusters* pringuen e hajen
ab si, per consellers lurs, onze prohomens del dit lur masters, ab
acord etc...

Item, los sobrepausats dels tenders pringuen e hajen ab si cinch
prohomens del dit lur master, en consellers lurs, ab acord etc...

Item, los sobrepausats del master dels *fabres* fassen lurs caps de mester en la manera e forma que han per privilegi del senyor rey e han be acostumat.

Item, los sobrepausats dels masters de *sabaters*, de *sahonadors* e de *blanquers* fassen lurs sobrepausats en la manera e forma que han per sentencia donada per governador e consols, pero quels consellers lurs, qui seran elegits en I any, no puxen esser consellers lurs, qui seran elegits en I any, no puxen esser consellers l'any seguent.

Item, sobrepausats del mesters dels *aluders* pringuen e hajen ab si cinch prohomens del dit lur mester, en consellers, ab acord etc...

Item los sobrepausats dels *mercers* pringuen e hajen ab si V prohomens per consellers lurs, ab acord etc...

Item, los sobrepausats dels masters *hostalers e aventurers* pringuen e hajen ab si, cinch prohomens dels lurs masters, en concellers, ab acord etc...

Item, los sobrepausats dels *peyrers e teulers* pringuen e hajen ab si, cinch consellers dels lurs masters en consellers, ab voler, acord etc...

Item, los quels sobrepausats del masters dels *masellers* pringuen e hajen ab si set prohomens del lur mester, en consellers, ab acord etc...

Item, quels sobrepausats del mester dels *ortolans* de la dita vila pringuen e hajen ab si XV prohomens del dit lur mester, sos-saber VI de la parroquia de Sent-Jacme e quatre de la parroquia de la Rial e V de la parroqia de Sent-Matheu, ab acord etc...

Item, que en los altres anys venidors, ço es d'açi avant, quescun any los sobrepausats dels dits mesters, en la fi de lur temps o any, com hauran e volran elegir e fer altres sobrepausats e consellers de lurs mester per l'any adonchs venidor, quescun any pringuen e hajen ab si los dits prohomens de lur mester que aquell any hauran per consellers, ab acord voler e consell dels quals o de la major partida de aquell elegeschen e fassen altres consellers del dit lur mester, per l'any adonchs venidor. E axi per la manera e forma dessusdites, sia processit en elegir sobrepausats e consellers, quescun any, en los dits mesters de la dita vila.

Item, quels dits prohomens, consellers dels dits mesters, com seran elegits e fets, juren en la cort del balle que en fer les dites elections de sobrepausats e de consellers e en les altres causes de lurs mesters se hauran be e leyalment, tota favor odi e ranchor foragitats.

Item, quels dits sobrepausats, com seran elegits e fets de nou, en lo jurament, que costumen fer tots anys en la cort del balle, prometran e juraran e seran tenguts prometre e jurar que sobre les dites elections de sobrepausats e de consellers servaran la manera e forma dessus dites.

E es entes que sils dits consellers sobrepausats no eren eligits e fets per la forma dessus dita, seran haüts per no fets e no seran admesos per lo dit balle, ne en los consells de la vila, ne en degunes altres causes, per vers sobrepausats.

Et per tal car alscuns dels sobrepausats dels dits mesters, qui ara son, durejen e irrehonablement recusen fer e elegir los dits consellers per l'any venidor del dit lur master, emperamor d'ayso, los dits balle e consols, affi que les dites ordinacions hajen bon acabament, en falta e deffalliment dels dits sobrepausats qui en aço han durejat e recusat, ordonen e elegexen al present, per l'any venidor, los prohomens davall contenguts, axi empero que d'açi avant los dits consellers, ara elegits, ab los sobrepausats qui seran del any veninor, axi quant dessus es ja tocat, fassen e elegeschne consellers noells e sobrepausats del master per l'any venidor. E axi tots anys los qui seran sobrepausats e consellers del dits mesters, en la fin de lur temps, fassen et elejeschen altres sobrepausats e consellers noells.

Pero no es intencio dels dits balle e consols que per les presents ordinacions sia fet préjudici ne doregacio als privilegis, libertas et ffranqueses dels dits masters, o alcun o alcuns d'aquells hajen ; ans volen quels dits privilegis e ffranqueses romanguen en lur fermetat e valor.

Item que en fer les dites elleccions de sobrepausants et consellers los dits sobrepausats e consellers dels dis mesters se puxen ajustar totes veus quels plaura, no sperada licencia del balle, qui es o sera, de la dita vila, la qual lo dit balle, ara per ladonchs, per vigor de la present ordinacio los atorgua.

Item, volen et ordonen los dits batlle e consols que aquells qui seran consol noells de la dita vila, quescun any, com seran devallats del castell ne seran venguts de la sglesia de Sent-Johan, juren que les dites ordinacions no revocaran, ans aquelles tindran e servaran per lur poder.

1493

Cf. Archives communales de Vinça, HH. 1.

Traduction du privilège accordé par don Ferdinand, Roy de Castille et d'Aragon, aux maîtres cordonniers, tanneurs et corroyeurs, le quatorze octobre mil quatre cens quatre-vingt-treize, lequel se trouve entre les mains des sieurs surposés des maîtres cordonniers, tanneurs et corroyeurs de la fidelle ville de Vinça qui est comme s'en suit :

Nous, Ferdinand, par la grâce de Dieu Roy de Castille, d'Aragon, Tolède, Valence, Sardègne, Murcie, des isles de Canari, compte de Barcelonne, compte de Roussillon et Cerdagne ; comme nos bien aimez et fidelles surposés et hommes des métiers de cordonniers, taneurs, conroyeurs de nos villes de Perpignan et de Villefranche-du-Conflent et d'autres villes et villages des vigueries de Perpignan et de Villefranche-du-Conflent, souhaitent éviter les fraudes et les abus qui se font et se glissent tous les jours endits métiers et afin que dits métiers soient exercés par des *personnes capables et habilles ;* attendu qu'il tend *au bien public,* ont fait et dressé au sujet des dits métiers des articles de la teneur suivante :

A Son Altesse Royale, *les surposés et chefs de métiers* de cordonniers, taneurs et conroyeurs habitan dans les villes de Perpignan et de Villefranche-du-Conflent et d'autres villes et villages, souhaitant avoir lesdits métiers en bon ordre et avantageux au public, *ordonnèrent, les années passées, entre eux, les articles qui sont à cet effet nécessaires, supliant à votre Altesse de vouloir autoriser, confirmer et ordonner d'observer les dits articles* ainsi qu'il s'en suit :

Art. 1. — Premièrement, que les ordonnances et statuts qui *furent faits* au sujet des dits métiers, lesquels sont écrits aux *livres et registres* de la cour des dites villes de Perpignan et de Villefranche avec les lettres de provision des dits métiers gardées et observées du tems du Roy don Martin, d'heureuse mémoire, soint tenues, guardées et observées selon leur forme et teneur, et qu'il soit pratiqué, par toutes les villes et villages des dites vigueries, tout de même qu'aux dites villes de Perpignan et de Villefranche.

Art. 2. — Plus qu'attendu qu'il s'est glissé de grands abus en des métiers, et que par l'insuffisance de quelques ouvriers et même par des gens peu expérimentés en des métiers, causent journellement des domages considérables, *pour ce avons délibéré entre nous* que personne n'aura n'y pourra *avoir boutique* en aucune ville n'y village des dites vigueries des dits métiers de cordonnier, taneur et conroyeur, sans qu'au préalable ils *ayent travaillé* pendant quatre ans chez un maître des dits métiers où il voudra rester, et avoir boutique qu'il ne soit préalablement *examiné* par ceux à qui appartiendra ainsi qu'il sera cy après déclaré ; et payeront ceux qui seront examinés et passés maîtres, trois écus d'or, *valeur-réception des dits métiers*, dont l'un appartiendra à son Altesse ou il sera payé au procureur du Roy, l'aure sera employé pour l'illumination de la confrairie du dit métier, et l'autre sera payé aux surposés et autres qui examineront ; excepté les enfans des maîtres qui ne payeront rien à leur réception du dit métier, mais subiront seulement l'examen tout comme les autres et ne pourront avoir boutique sans qu'ils ne soint au préalable examinés ; et si quelqu'un faisait tant d'avoir boutique sans avoir été apprenti pendant le dit tems et sans estre examiné comme il faut, encourira lamande de deux marchs d'argent, dont la moitié appartiendra à son Altesse ou au procureur du Roy, et l'autre sera appliquée et convertie à la marguillerie des églises ou confrairies des dits métiers suivant la disposition des dits surposés et chefs des dits métiers.

Art. 3. — Plus que ceux qui voudront d'hors en avant être reçus Maîtres de l'un des dits métiers ne pourront êtres examinés si ce n'est dans une des dites villes ou à Perpignan, ou à Villefranche, ou en d'autres villes ou cités des dites vigueries, où il y ait quatre habitans qui ayent boutique pandant le tems du dit examen et qu'ils travaillent du métier dont il voudra être examiné, et dès qu'il sera reçu *faira l'examen qui luy sera proposé* par les surposés et jusques au nombre de quatre maîtres des dits métiers savoir : que s'il est cordonnier il sera examiné par dits suposés avec un maître de chacun des dits métiers, et pour ceux qui ont présentement boutique, ne seront point examinés.

Art. 4. — Plus que si quelqu'un n'ait été examiné et passé maître en la manière cy dessus dite, ne pourra avoir en des vigueries, de cuirs apprêtés ny des souliers sous la peine d'un march d'argent et de confiscation des dits cuirs ou souliers, laquelle peine et confiscation sera appliquée, la moitié à son Altesse et l'autre moitié à l'yllumination de la marguillerie des dites confrairies des maîtres qui auront fait exécuter la dite peine afin qu'ils soient defrayès des frais qu'ils auront fait.

Art. 5. — Plus qu'aucun trafiquant qui portera cuirs appretès ou souliers ne pourra les exposer en vente sans qu'au préalable il soit déclaré aux surposés des endroits où il voudra les vendre, sous la peine de perdre les dits cuirs ou souliers et a faute des surposés suffira qu'il le déclare à la justice de l'endroit, et si les dits surposés ou ceux de la justice, par rigueur ou autre manière difficile differaint de reconnaître les dits cuirs ou souliers de sorte que les dits trafiquants en perdissent la vente de ce jour-là, ycelui pourra licitement les vendre sans encourir aucune chose et ne sera point pratiqué en des villes de Perpignan et de Conflent des cuirs appretès ny autres appareils prohibès.

Art. 6. — Plus qu'aucun savetier ne pourra faire n'y avoir pour vendre des souliers neufs, à peine de confiscation des souliers qui se trouveront chez luy, et que les choses cy dessus dites, soint pour le bien de la justice et conservation des dits métiers en bon ordre et pour le bien des sujets de notre Altesse et afin que les dits articles soint gardés et visiblement observés suplient à notre Altesse de vouloir bien les faire garder et régulièrement observer et de les accorder en tant que besoin est, implorant très humblement notre grâce ; Et nous, à la prière des dits surposés et hommes des dits métiers, de notre certaine science, louons, approuvons, ratifions et autorisons tous les articles cy dessus et tout le contenu en yceux; comme aussi nous les confirmons et les accordons de nouveau tant pour ceux qui sont actuellement que pour tous ceux qui seront des dits métiers à l'avenir.

Mandons aux gouverneur et procureur du Roy du compté de Roussillon et Cerdagne, aux viguiers, comptes et à tous autres officiers qu'il appartiendra, présents et avenir, que tous les sus-dits articles notre approbation et confirmation d'yceux et tout le contenu en ces présentes ils ayent a faire garder, observer et exécuter selon leur forme et teneur ; en témoin de ce nous y avons fait metre notre scel. Donné en la cité de Barcelone le quatorsième octobre mil quatre cens quatre vingt treize et de notre règne le vingtsixième.

Veü : ALBANELL.

Signé : le Roy.

1560

Copie d'un acte d'admission à l'office des Tisserands.

Arch. départ., Série E non classée. — Tixedors, 2 janvier 1560.

Die X mensis januarii anno a nativitate domini millesimo quingentesimo sexagesimo, cum assistentia Joannis-Petri Reurell nuntii dicti officii textorum.

Les honorats Frances BORRAT
        y Bartholomeu MATHES } Sobreposats.

        Baldiri FABINT del bras maior ┐ Examinadors ;
        Joan CALLAN del bras mija │ L'any present elegits
                                   │   per lo Consell ;
        Janno BORRAT del bras menor ┘ de St-Père propassat.

Convocats y congregats en la Casa de Simeon Stroges, parayre de la vila de Perpinya laqual te en la plassa del Puig, *han examinat en texedor de llana* de dita vila, Joan-Josep Cams, fill de Antoni Cams, ortola de dita vila, loqual han trobat *apte y sufficient* en dit offici de tixedor y aquel han admes en lodit offici, y ha pres lo present senyal ˌ⌐╤†╤⌐ˌ del qual el ha de usar en son dit offici y ha promes y *jurat* enpoder de dits honorats sobreposats, conservara los privilegis y ordinacions dedit offici.

Testimonis : Bartholomen STEVE corredor de coll ;
        Joan FINES, texedor de llana ;
        Y Miquel PALAU, scrivent, tots de dita vila de Perpinya ;
        Dit dia.

Lodit Joan-Josep Cams ha confessades deure a dits honorats sobreposats per aquell : tres liures moneda de Perpinya per raho de dit son examen y aquellas ha promeses pagar per de aci a la festa de Sant Joan de Juny primer vinent, sens dilacio alguna ab pena de ters salaris de missatje y altres clausules necessaris y oportunes a coneguda del notari baix scrit, *obligant per aixo tots so bens*, y ha fermat y per aquil constituit fermansa (1) (caution) y principal pagador lo dit Baldiri Sabint, per dites tres liures, tant ab ell consents ell y tant en vida com en mort, ab las mateixes penas de tres lliures y obligatio de bene largament.

Renunciant a la assistentia de fermanses, jurats.

Testes qui supra.

1619-1620

Comment se fait la matriculation des Bourgeois.

Arch. com. de Perpignan, AA. 7, fº 23.

En lo dinmenge abans del dia de Sant Quirch, le consol en cap de dita vila te obligacio de convocar en sa casa, com en effecte convoca los burgesos de dita vila que son estats consols en cap o segons de aquella, fins en numero de nou tant solament, pera tractar veurer y censurar quines y quals persones seran a proposit pera matricular en burgesos, lo dia de Sant Quirch proxim vinent, segons la disposicio del dit privilegi de la reyna dona Maria ; y alli tots ajunts, ab tota madureza, se tracta del valor, parts, qualitat, merits o deffectes, aixi naturals com accidentals, dels qui pretenen esser matriculats ; y despres lo vespre de Sant Quirch, tots los consols de dita vila junts, convocan altre vegada los dits burgesos per lo dia de Sant Quirch pera fer dita matricula. Lo qual dia se juntan los dits nou bourgesos en la dita casa consulor de dita vila, ab los cinch consols de aquella, pera fer dita matricula, ab son secretari tant solament per rebrer los vots y continuar lo acte de matricula ; los quals tots junts prenan numero de catorze persones. Y los primers qui's proposen pera esser abonats y matriculats son los fills y nets de burgesos matriculats ; y despres los doctors en lleys y los burgesos de privilegi, o los fills o nets de aquells ; votant de hu en hu aquells, y los qui tenen lo numero de vots necessaris, es a saber o tots catorze, o al manco deu de aquells concordes, los matriculan en lo llibra de la matricula dels burgesos de dita vila ; y los que no'ls tenen, no. Y los tals aixi

---

(1) Fermansa ou firmansa signifie fiansa ou Cautio. « Seguretat que's dona per algu. » Dict. Langue catalane, verbo, firmansa.

matriculats, despres van a consell general, y alli sels pren per los
consols de dita vila, lo solit jurament. Y despres, venint lo any de
la ensaculacio, son estos solament habils pera esser enseculats en
los officis de dita vila..... »

1777

Observations (1) sur les changements à faire à l'**Edit du Mois d'Août 1776**, concernant les Communautés d'Arts et Métiers, pour rendre cette loi applicable au Ressort du Parlement de Toulouse et à celui du Conseil Supérieur du Roussillon.

Arts et Métiers. — Parlement de Toulouse. — Conseil supérieur
du Roussillon.

L'Édit de février n'aïant point encore reçu d'exécution dans les
Provinces il se trouve dans celui du mois d'août beaucoup de dispositions surabondantes, ce qu'il faudra changer ou même supprimer, ou les indiquer eu suivant l'ordre des articles de cette
loi.

ARTICLE PREMIER.

Comme la suppression annoncée par l'Edit, n'a point été con-
sommée dans le Roussillon ni dans le pays de Foix, il n'y a pas
lieu à une nouvelle création, et il paraît que cet article doit se
borner à établir la confirmation des Corps et Communautés en
jurandes. Son état sera annexé au nouvel édit, lequel fera d'ailleurs mention des réunions ou décisions ordonnées par le roi, eu
égard à l'analogie des professions.

ART. 2.

Il n'est pas possible de présenter la liste des métiers et professions dont l'exercice sera indistinctement permis, parce qu'il y
aurait là-dessus autant de variations que de villes et lieux dans
le ressort d'un Parlement, et il semble suffisant de statuer que
toutes les professions non comprises dans l'État mentionné en
l'art. 1er seront et demeureront libres, à la charge par ceux qui

---

(1) Arch. Départ., observat., etc... C, 1053.

voudront l'exercer, d'en faire leur déclaration par devant le Lieutenant Général de Police ou les officiers municipaux des lieux.

ART. 3 et 4.

Rien à changer.

ART. 5.

A supprimer comme particulier à la ville de Paris.

ART. 6.

A conserver.

ART. 7 et 8.

Ne sont pas applicables aux Provinces.

ART. 9, 10, 11, 12, 13.

Les dispositions contenues dans ces cinq articles, peuvent subsister sans inconvénient.

ART. 14.

Mais le privilège de pouvoir exercer dans tout le royaume, confirmé par l'art. 14, ne peut regarder que les Maîtres reçus à Paris, et il y aurait peut-être des difficultés à l'étendre jusqu'à ceux de Province.

ART. 15.

Cet article ne peut regarder que Paris, attendu les motifs énoncés dans l'observation sur l'art. 1er.

ART. 16 et 17.

Si l'on juge que les art. 7 et 8 ne sont point applicables à la Province, les 16e et 17e articles sont également à rejeter.

ART. 18, 19, 20, 21, 22, 23 et 24.

Il est aisé de sentir que les règlements portés dans ces sept articles, ne peuvent avoir leur exécution que dans les communautés nombreuses telles que celles qui existent à Paris et dans quelques-unes des grandes villes du Royaume ; mais dans la plupart des autres, il semble que la médiocrité des Corps et Métiers exige que l'on supprime la représentation par députés, et qu'on confirme les anciens Statuts d'après lesquels on a procédé, chaque année, à l'élection à la pluralité des voix, de deux chefs ou syndics. On pourrait leur donner deux adjoints qui les remplaceraient dans l'année suivante, et ordonner que l'assemblée pour la nomination soit tenue en présence des baillis ou des juges de police suivant les usages particuliers des lieux, lesquels ne percevraient pour leurs honoraires que les mêmes sommes qui ont été payées jusqu'ici.

Art. 25.

Cet article devient inutile en supposant qu'on adopte les changements proposés dans les articles précédents.

Art. 26 et 27.

Par ces deux articles le Roy dispose du montant des droits de réception à la maîtrise, et il en fait l'application, savoir : d'un quart pour les surposés communs, déduction faite du cinquième de ce quart qui est attribué aujourd'hui aux sindics et adjoints, et les trois autres quarts au profit de Sa Majesté, pour être employés à l'extinction des dettes, etc...

Surquoi il se présente un doute qui paraît devoir être celui-ci :

Savoir si les droits de réception à la maîtrise dont il est question dans ces deux articles, sont distincts de ceux que les récipiendaires doivent payer au roi suivant l'article 6. Dans cette supposition, les récipiendaires seraient tenus : 1º de la finance à payer au Roy ; 2º des droits locaux de réception dont le taux devrait être modérément fixé.

Si au contraire ce sont les produits des droits énoncés dans l'article 6, qui doivent être divisés dans la proportion prévue par les articles 26 et 27, il y aurait ensemble contradiction avec l'article qui dispose que les récipiendaires fussent tenus de représenter la quittance des droits des lettres avant que d'être admis à la maîtrise.

Art. 28, jusque et y compris l'art. 40.

Toutes les dispositions renfermées dans ces articles, peuvent être appliquées aux communautés établies dans les villes de province, avec l'attention d'en supprimer les clauses évidemment particulières à la ville de Paris.

Art. 41.

Rien à changer, si ce n'est que la représentation des titres doit être faite aux fonctionnaires répartis dans la Province, pour être par eux procédé à la liquidation des dettes, conformément à ce qui a déjà été ordonné par l'arrêt du Conseil du 20 avril 1776.

Art. 42.

Il est à présumer que le Conseil entend que ledit Intendant sera également chargé de la vente des immeubles réels et fictifs appartenant aux communautés, auquel cas il serait nécessaire de les autoriser à nommer un Procureur du Roi, pour remplir les fonctions de Ministère Public ; comme aussi à subdéléguer pour l'instruction et la suite des procédures que les circonstances pourront exiger. Ne serait-il pas également convenable de comprendre les meubles et effets appartenant aux Communautés, dans la vente dont il s'agit dans cet article.

Art. 43.

Les défenses portées par l'art. 43 doivent être communes à tous les corps.

Art. 44 et 45.

Ces articles ne regardent que Paris.

Art. 46 et suivants.

Il en est à peu près de même de tous les autres jusqu'à la fin de l'Édit ; cependant on doit laisser subsister le 48e d'autant plus que le Gouverneur de la province du Roussillon étant en possession de donner un brevet de maîtrise pour chaque profession ou métier, lequel brevet procure même aux pourvus, une partie des privilèges attribués à ce qu'on appelle la capitainerie générale, consistant dans l'exécution de l'imposition ordinaire des charges municipales, etc. Il serait dans l'esprit du gouvernement, d'examiner s'il est avantageux de conserver ou d'éteindre l'exercice de ce droit.

TABLE DES MATIÈRES

Grande Imprimerie de Blois, 2, rue Haute.
Directeur-Gérant : EMMANUEL RIVIÈRE, Ingénieur des Arts et Manufactures.

www.ingramcontent.com/pod-product-compliance
Lightning Source LLC
Chambersburg PA
CBHW070305200326
41518CB00010B/1898